KULTURGESCHICHTE IN EINZELDARSTELLUNGEN

Das Puppenhaus

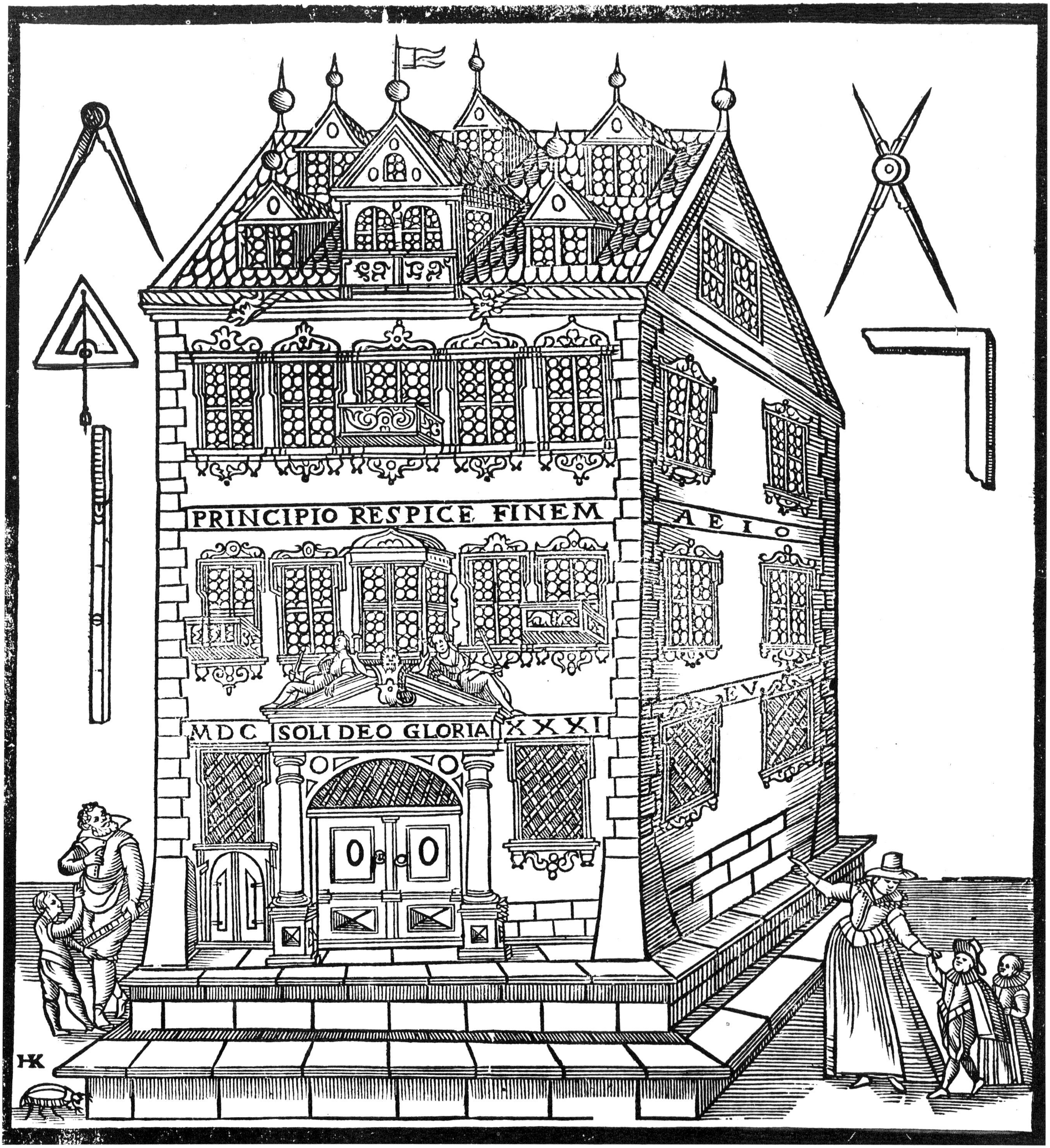
PRINCIPIO RESPICE FINEM
A E I O
MDC
SOLI DEO GLORIA
XXXI
HK

Leonie von Wilckens

Das Puppenhaus

Vom Spiegelbild des bürgerlichen Hausstandes zum Spielzeug für Kinder

Aufnahmen Helga Schmidt-Glassner

Verlag Georg D. W. Callwey München

Zu Seite 2:
Fig. 1 Das Puppenhaus der Anna Köferlin. Nürnberg, 1631. Holzschnitt, signiert HK.

CIP-Kurztitelaufnahme der Deutschen Bibliothek
Wilckens, Leonie von:
Das Puppenhaus: vom Spiegelbild des bürgerl. Hausstandes zum Spielzeug für Kinder/Leonie von Wilckens. Aufnahmen Helga Schmidt-Glassner. – München: Callwey, 1978. (Kulturgeschichte in Einzeldarstellungen)
NE: Schmidt-Glassner, Helga:

ISBN 3 7667 0438 9

Herstellung Heide Hohendahl, München
Schutzumschlagentwurf Baur + Belli Design, München, unter Verwendung der Abb. 14
Satz, Montage und Druck Kastner & Callwey, München
Lithos Brend'amour, Simhart GmbH & Co., München
Bindung Conzella, Urban Meister, München
Printed in Germany

Inhalt

Das Kunstkammerstück

Das Dockenhaus von Herzog Albrecht V. von Bayern

Vor mehr als vierhundert und zwanzig Jahren – 1557/58 – ließ Herzog Albrecht V. von Bayern, der von 1550 bis 1579 in München regierte, ein großes »Dockenhaus« mit beachtlichem Aufwand errichten[1]. Sicher stammten vom Herzog selbst die genauen Vorschriften, wie das Haus innen und außen beschaffen und eingerichtet sein sollte. Es stellte eine süddeutsche fürstliche Behausung der Zeit im kleinen vor, wie wir sehen werden. Weil dieses Dockenhaus das früheste überlieferte ist, hat man es seit dem 19. Jahrhundert als direkten Vorfahren der unzähligen Puppenhäuser und Puppenstuben der zwei letzten Jahrhunderte betrachtet und es selbst jedoch dabei völlig verkannt.

Zehn Jahre später beauftragte Albrecht V. den Straubinger Drechslermeister Jacob Sandtner, maßstabgerechte Holzmodelle seiner fünf Residenzstädte – Straubing, Landshut, München, Ingolstadt und Burghausen – zu schnitzen[2]. Auf das Haus folgten also die Städte, in denen das Haus als bergende Wohnung hätte stehen können. Von 1563 bis 1567 baute Wilhelm Egkl ein eigenes Gebäude für die herzogliche »Kunstkammer« im »Alten Hof«, dem heutigen Münzhof. In diesem ersten Museum nördlich der Alpen fanden sowohl die fünf Stadtmodelle als auch das Puppenhaus ihren Platz. Im Inventar der herzoglichen Kunstkammer von 1598 werden sie aufgeführt und ausführlich beschrieben. Das Puppenhaus war also gewiß nicht für die herzoglichen Kinder zum Spielen vorgesehen, sondern es war von Anfang an – wie die Stadtmodelle – ein zum Anschauen bestimmtes Kunstkammerstück, das ein Haus als solches in seinem Aufbau und seiner Einrichtung, mit seinem gesamten Innenleben – und zwar dem einer fürstlichen Familie – präsentieren sollte, wie jene die Städte in ihrer Anlage und den äußeren Details von einem jeden einzelnen ihrer Gebäude.

An der Herstellung des Münchner Puppenhauses waren die verschiedensten Handwerker, Münchner und auswärtige, beteiligt. Bekannt sind die Namen des Hofkistlers Wolf Greiß, der Schlosser Hans Klein und Kaspar Bauer, aber auch der Maler Hans Ostendorfer und Hans Schöpfer d. Ä. Der bayerische Herzog war mit Anna von Österreich verheiratet, der Schwester des Erzherzogs Ferdinand von Tirol (1529–95), der für seine seit 1547 angehäuften berühmten Schätze an Waffen, Kunstwerken, Antiquitäten, Kuriositäten aller Art das Museum auf Schloß Ambras bei Innsbruck erbaute[3], dessen Objekte heute den Ruhm der Wiener Sammlungen ausmachen, obwohl in Ambras noch immer – nur mit den Resten der einstigen »Kunst- und Wunderkammer« – die erstaunliche Mannigfaltigkeit, die kunsthandwerkliche Präzision, der Reichtum der Funde und Erfindungen den Betrachter in Bann zu schlagen und in Entzükken zu versetzen vermögen. Vor diesen Hintergrund der manieristischen und frühbarocken Sammelleidenschaft, die sich von den Fürsten auf die großen Herren und schließlich auf die wohlhabenden Bürger der süddeutschen Freien Reichsstädte und ebenso der holländischen Handelsstädte weiterverpflanzte, müssen die Puppenhäuser des 16. und 17. Jahrhunderts gestellt werden. Sie spiegelten und spiegeln noch heute Besitzerstolz. Die Leidenschaft des Besitzens, des Anhäufens und Sammelns hat sie hervorgebracht. In einem miniaturhaft nachgebildeten geordneten Haushalt wollte man vorzeigen, was man zu eigen hatte, wie man lebte, so wie Albrecht V. mit den fünf Stadtmodellen sein Land in seinen Residenzen darstellen wollte. Keinesfalls waren solche Puppenhäuser Kinderspielzeug, Spielzeug im Sinne des 19. und 20. Jahrhunderts, also nicht speziell für Kinder, für ihre Beschäftigung, Erheiterung und ihren Zeitvertreib bestimmte Dinge.

Kinder galten in jener Zeit als kleine, noch unvollkommene Erwachsene, die dementsprechend in das Leben der Erwachsenen einzuführen waren. Stets wurden sie angehalten, sich wie die Großen aufzuführen und zu betragen. Die Distanzierung »Kinder sind anders« war so unbekannt wie Spielzeug, das nur für Kinder erdacht ist. Eine Puppe, sei sie auch nur aus Ton geformt oder in Holz geschnitzt und bemalt, war die

Miniaturausgabe einer Dame oder Frau. Allerdings sind daneben seit alters her einfache, oft kaum bearbeitete Klötzchen mit wenigen Zutaten dank der ungebrochenen vorstellenden Phantasie der Kinder zu Puppen und anderem kindlichen Gerät geworden: Kann aber so etwas als Spielzeug im heutigen Sinne bezeichnet werden? Norbert Elias[4] spricht nur von den »Knaben«, doch läßt es sich sowohl für das 16. als auch für das 17. Jahrhundert ganz allgemein festhalten: Die Kinder »lebten, sei es auch als Dienende, als sozial Abhängige, schon sehr früh in dem gleichen gesellschaftlichen Raum wie die Erwachsenen«. Die »Distanz zwischen dem Verhaltens- und Affektstandard von Erwachsenen und Kindern« war geringer. »Immer von neuem zeigt es sich, wie wichtig es für das Verständnis der früheren und unserer eigenen psychischen Konstitution ist, das Wachstum dieser Distanz, die allmähliche Herausbildung dieses eigentümlichen Sonderraumes genauer zu beobachten, in dem die Menschen allmählich die ersten zwölf, fünfzehn und nun schon fast zwanzig Jahre ihres Lebens verbringen. Die biologische Entwicklung wird sich in früheren Zeiten nicht viel anders vollzogen haben als heute; erst im Zusammenhang mit dieser gesellschaftlichen Veränderung können wir die ganze Problematik des ›Erwachsenseins‹, wie sie sich heute darstellt, . . . unserem Verständnis zugänglicher machen.«

Wegen der Bezeichnung »Dockenhaus« meinte man offenbar im 19. Jahrhundert beim Münchner Haus von 1558 ein Spielzeug für die herzoglichen Kinder nachweisen zu können. Aber erst mit dem sich wandelnden Begreifen des kindlichen Gemüts, parallel zu den pädagogischen Bestrebungen des späten 18. und frühen 19. Jahrhunderts, wurde »Puppen-« bzw. »Dokkenhaus« zur Angabe für ein Kinderspielzeug, zuvor besagte der Zusatz »Puppe« oder »Docke«, daß hier etwas im kleinen nachgebildet war.

Leider ist das Haus von 1558 dem Brand der Münchner Residenz im Jahre 1674 zum Opfer gefallen. Doch vermag die anschauliche und ausführliche Beschreibung im Inventarium der Kunstkammer von 1598 durch den herzoglichen Hofrat Johann Baptist Fickler[5] eine vorzügliche Vorstellung von seinem Aufbau und von seiner Einrichtung zu vermitteln. Nachdrücklich muß zudem festgehalten werden, daß der »Meierhof«, den der gelehrte Augsburger Kaufmann und Kunstagent Philipp Hainhofer von 1610 bis 1617 zusammen mit dem berühmten Pommerschen Kunstschrank für Herzog Philipp II. von Pommern-Stettin bauen ließ[6], in seinen häuslichen Teilen denen des Münchner Puppenhauses nah verwandt gewesen sein muß, wenn er auch in seiner Ausstattung mit schlagender Uhr oder singenden Vögeln raffinierter war. Dieser Meierhof, der gleichfalls nicht erhalten ist, wurde wegen seiner Zuordnung zu dem Pommerschen Kunstschrank, jedoch nie eigentlich den (Spielzeug-)Puppenhäusern zugerechnet. Dem aufmerksamen Leser der Beschreibung des Münchner Puppenhauses kann dessen Eigenart, gleichfalls als bloßes Anschauungsobjekt und Kunstkammerstück, nicht verborgen bleiben. Zum besseren Verständnis haben wir den 1879 veröffentlichten Text von 1598 in unsere Umgangssprache übertragen[7]. Da heißt es also:

Das Dockenhaus ist vier Stockwerke hoch, das Untergeschoß hat fünf Türen und fünfzehn Fenster, der erste Stock vier Türen und sechzehn Fenster, der zweite drei Türen und sechzehn Fenster, der dritte fünf Türen und sechzehn Fenster. Im Untergeschoß: eine Stallung mit drei Ständen, jeweils mit einem geschnitzten Holzpferd, auf dem vorderen sitzt ein Reiter, bei jedem der beiden anderen steht ein Knecht; an der Wand ein Futterkasten, daneben ein Knecht; außerdem drei Sättel mit ihrem Zaumzeug. – Auf den Pferdestall folgt ein Kuhstall, darinnen drei Kühe, ein Kalb, eine Melkmagd, ein Futterkasten; an einem Tisch mit Milchgeschirr steht die Hausfrau. – Hinten am Stall eine Milchstube, darin eine Magd, die buttert; an der Wand hängt und steht allerlei häusliches Geschirr aus Holz und Kupfer. – Auf den Kuhstall folgt die Vorratskammer; darin hängt an der Wand allerlei Wildbret, fliegendes und laufendes; auf einem Tisch etliche Schüsseln und kleine Holztröge, darin ein zubereiteter Schweinskopf, ein Kapaun, eine Gans, ein Lamm, ein Auerhahn, ein Zicklein, ein Schafskopf, ein Westfälischer Schinken und eine Platte voller Würste; ganz hinten in dieser Vorratskammer ein erlegter Hirsch, ein (weiteres) Stück Wild, ein Kalb mit zusammengebundenen Füßen; neben einem Speiseschrank steht der Speisemeister mit einem Knecht. – Auf die Vorratskammer folgt der Weinkeller, darin sechs große Weinfässer für Kräuterwein; dazu ein Tisch, darauf vier Handkörbe, große und kleine, aus Silberdraht; weiterhin vier Kannen, ein Rührkessel, eine große bauchige Kanne, sämtlich aus Silber; hinter diesem Tisch hängen an der Wand sechs silberne Flaschen. Längs der einen Wand führt eine Treppe hinauf in das Haus. Unter der Treppe stehen allerlei Flaschen, Krüge und Kannen aus Glas. – Auf den Keller folgt das Wagenhaus; darin ein Wagen mit einem im Gestell aufgehängten, mit schwarzem Samt überzogenen Wagenkorb; außerdem ein kleiner, auch mit Samt überzogener Wagen für die Damen, dessen Räder mit Silber beschlagen sind.

Erster Stock: Zuerst eine Badestube; darin baden die Hausfrau und drei Töchter, eine Bademagd steht daneben; dazu eine Badewanne, zwei kupferne Bottiche, ein kupfernes Schöpfgefäß, zwei Barbierkannen aus vergoldetem Messing, zwei vergoldete Waschbecken. – Vor dem Badestüblein ein Ankleidestüblein mit einem gerichteten Bett mit Decke von schwarzem Samtbrokat; außerdem ein Tisch mit einem Samtteppich und einer bestickten Tischdecke; darauf ein besticktes Hemd und etliche bestickte Kopf- und Taschentücher samt einer Bürste, deren mit Samt bezogener Griff mit Silber beschlagen ist; außerdem ein silberner Trokkenhut (Trockengerät) auf drei vergoldeten Füßen; neben dem Tisch sitzt eine Frau in einem Kleid aus schwarzer Seide mit einem Gürtel aus Silberdraht. Dahinter hängen an der Wand zwei große und zehn kleine messingvergoldete Waschbecken und drei Badehüte. – Auf die Badestube folgt die Küche, darin auf dem Herd etliche Spieße mit Geflügel und anderem Bratenfleisch sowie Töpfe; daneben steht der Koch und schäumt die Suppe ab. Ein neben der Bank stehender Koch putzt einen Kapaun in einem Kupfergefäß. Gegenüber hängt ein Koch das Fleisch heraus. Auf der Anrichte stehen elf große Zinnschüsseln mit geätztem Dekor, außerdem sieben kleine ebenso verzierte und fünf Zinnplatten. Daneben steht der Küchenmeister und schneidet einen Hecht auf. In einem kupfernen Kühlkessel liegen zwei große Fische; daneben eine kleine Fischwanne aus Blech, eine silberne Kasserolle (»Tortenpfanne«[8]) auf drei Füßen mit ihrem Zubehör, drei kupferne Kasserollen, ein kupfernes Wassergefäß und ein anderes Kupfergefäß. Die Wände sind mit allerlei Küchengeschirr aus Kupfer, Messing und Zinn behängt, außerdem auf einem Gestell ein Messingmörser, ein Blasbalg samt weiterem Gerät, das zu einer wohlgeordneten Küche gehört. – Auf die Küche folgt der Hof; in seiner Mitte steht ein sechseckiger Brunnenkasten mit einer aus Metall gegossenen Brunnenfigur; ganz hinten zwei Hühnerkästen übereinander und ein Raum für das Geflügel. In der Hofecke ein vergittertes Löwenhäuschen mit einem Löwen und einer Löwin. – Nach dem Hof kommt ein Baumgarten mit Spalieren auf drei Seiten, die mit Wein- und Rosenstöcken überwachsen sind. In diesem Garten finden sich ein Hirsch, zwei Stück Wild, ein Hund, eine Katze, Eidechsen, Blindschleichen und anderes Tierzeug; auf einer langen Bank sechs silberne Blumentöpfe, darin rote und weiße Nelken sowie anderes Gewächs. In der Mitte des Gartens ein silberner Schöpfbrunnen mit zwei silbernen Eimern. Die Bäume und das Gewächs im Garten sind alle von Maschenarbeit (»glißmater«).

Auf dem zweiten Stock: zunächst ein Tanzsaal, in dem der Fürst und die Fürstin unter einem Baldachin aus braunem Atlas mit Silberstickerei sitzen, an dessen Himmel das bayerische mit dem einverleibten österreichischen Wappen angebracht ist. Dort finden sich vier Geiger, drei Paare tanzender Junker und Jungfrauen in Kleidern aus Taft und Atlas. Auf der einen Seite die Hofmeisterin in einem Gewand aus schwarzem Samt und drei Hoffräulein in Kleidern aus rotem Atlas mit Goldstickerei und mit silbervergoldeten Gürteln, wie sie auch die drei Tänzerinnen tragen. Vor ihnen steht eine lange Tafel auf vier silbernen Füßen, mit einem Teppich aus rotem Atlas bedeckt, darauf das Kugelspiel, das man »zum Narren[9]« zu nennen pflegt; sein Gestell und die Kugeln sind aus Silber. Neben dem Fürstenpaar stehen vier Junker des Hofgesindes und zwei Edelknaben; daneben führt eine Wendeltreppe in das obere Zimmer hinauf. – Nach diesem Tanzsaal folgt eine Stube, mit Goldbrokat ausgeschlagen, darin der Herzog und die Herzogin sowie der weibliche Hofstaat mit vier, das Gesinde mit sechs Personen, in schwarzen und braunen Atlas mit Unterröcken aus weißem Atlas gekleidet; neben dem Ofen steht der Narr. In der Mitte dieser Stube ist ein rechteckiger Tisch mit einem Brokatteppich bedeckt; darauf liegen eine vergoldete hölzerne Laute und zwei indianische Schellen. Über dem Tisch hängt ein silbervergoldeter Käfig mit einem Papagei. An der Seitenwand steht eine Kredenz, die mit rotem Doppeltaft überdeckt ist; darauf stehen eine silbervergoldete Flasche, zwei Kannen, drei Doppelpokale, zwölf Deckelschalen auf hohen Füßen, ein durchbrochenes, teilvergoldetes silbernes Rauchfaß auf einer kleinen viereckigen Platte mit vier Füßen, ein Gießbecken mit Kanne, vier niedrige Zuckerschalen, zwei Teller, sämtlich von vergoldetem Silber. Neben der Kredenz finden sich drei Wandschränkchen mit bemalten Türen. Ein Hündchen neben den Damen ist mit weißer Florettseide statt eines Fells überzogen, zwei weitere ähnliche und ein gar kleines auch aus Florettseide; außerdem ein englischer Hund mit einem silberbeschlagenen Halsband, daran ein doppeltes A mit dem bayerischen und dem österreichischen Wappenschild. – Auf die Stube folgt die Kammer mit einer gerichteten Bettstatt, die Kissen und Leintücher sind mit roter Seide bestickt, die Brokatdecken mit Laubwerk von rotem Atlas verziert (appliziert?). Die Vorhänge und der obere »Kranz« um die Bettstatt bestehen aus rotem Atlas mit bestickten Brokatborten. Vor der Bettstatt liegt ein gestickter Teppich, der wie ein türkischer ausschaut. Neben der Bettstatt sitzt die Fürstin in einem mit Brokat bespannten Sessel und die Hofmeisterin in einem Gewand aus schwarzem Atlas, mit Gold verbrämt. Daneben liegt auf einer hölzernen Truhe, von durchbrochener Arbeit (Intarsien?) und mit vergoldeten Beschlägen, eine Leinendecke, mit vielen Ziernähten und mit Gold ausgestickt, außerdem eine ebenso verzierte Schlafhaube mit goldenen Borten, ein Kopftuch und ein Taschentuch, ebenso mit Ziernähten und mit goldenen Spitzen geschmückt, ein Mundschleier mit einer Borte von schwarzer Seide und mit goldenen Spitzen, ein Taschentuch mit schwarzer Seide und mit Ziernähten bestickt, schließlich ein mit schwarzer Seide ausgesticktes Männerhemd. Vor dem Bett ein silberner Topf und ein Paar Kammerpantoffeln aus Samt. Am Fußende des Bettes ein mit rotem Samt bespannter Sessel mit einem Kissen aus rotem Samt. An der Wand der Bettstatt gegenüber eine lange Tafel, darauf ein mit roter Seide ausgestickter Teppich mit Fransen ringsum. Auf der Tafel ein großer und ein kleiner, aus Silberdraht geflochtener Korb, ein Feuerschirm, den die zarten Frauen vor sich halten, wenn sie vor dem Herd stehen, damit ihnen die Hitze des Feuers nicht das feine Gesicht verderbe; ein Gießbecken mit Kanne aus Silber, geätzt und teilweise vergoldet, ein Silbergefäß mit vergoldetem Dekor, eine silberne Kanne, eine ovale Silberbüchse mit zwei vergoldeten Ringen von Pariser Arbeit, eine Haarbürste mit silbernem Stiel.

Im dritten und obersten Stock: zuerst die Kapelle, darin vorn der Altar mit geschnitzter und bemalter Tafel; auf dem Altar ein Tuch aus weißem Doppeltaft, mit Gold- und Silberfäden ganz ausgestickt; die Altarverkleidung von schwarzem Samt, vorn der Name Jesu, ebenso wie die Kanten in Silberstickerei. Auf dem Altar ein silbervergoldetes Kruzifix, zwei Silberleuchter mit vergoldetem Dekor, ein silbervergoldeter Kelch mit Patene, ein silbervergoldetes Korporale, zwei silberne Meßkännchen mit vergoldetem Dekor, ein silbernes Meßglöckchen mit vergoldetem Dekor, ein silberner Weihwasserkessel mit Sprengwedel, ebenso mit vergoldetem Dekor. Rechts und links auf den Altarsimsen jeweils ein silberner Krug mit zwei Henkeln, darin stecken Rosensträuße

Fig. 2 Titelblatt aus: Johann Sibmacher »Newes Modelbuch«. Nürnberg, 1604.

aus Maschenarbeit. Vor dem Altar steht ein Priester, neben ihm der Evangelien- und der Epistelleser, ihre Meßgewänder und Levitenröcke sind aus Brokat. Neben dem Altar ein mit einem Deckel verschlossenes Virginal (Tasteninstrument). In der Kapellenmitte auf einem mit rotem Doppeltaft bedeckten Pult ein in roten Atlas eingebundenes Gesangbuch mit vergoldeten Silberbeschlägen für den Baß. Hinter dem Pult stehen sechs Sänger in langen schwarzen, mit Samt verbrämten Wollröcken. Auf einem weiteren, mit rotem Doppeltaft bedeckten Pult an der Wand daneben liegt ein dem vorigen gleiches Gesangbuch für den Alt; daneben liegen die für Tenor und Sopran in gleicher Form sowie vier kleine, schwarz eingebundene Gesangbücher. – Neben der Kapelle ein Kirchenstübchen, aus dem der Herzog und die Herzogin auf den Gottesdienst schauen. – Auf die Kapelle folgt eine Kammer, die mit rotem, gelb gemustertem Seidendamast (?) ausgeschlagen ist. Darin befinden sich drei gerichtete Bettstätten mit Decken, Vorhängen und »Kränzen« aus rotem Doppeltaft, an den Kanten mit roten Samtstreifen. Eine hölzerne Truhe auf vier Füßen ist mit gerahmten Emailplatten bedeckt und innen mit rotem Zendeltaft ausgekleidet. Ein gedrechselter Wangensessel für zwei Personen ist mit rotem Samt bespannt. Vor dem zweiten Bett findet sich ein Nachttopf aus Elfenbein. – Auf die Kammer folgt eine Stube, in der zwei edle Frauen sitzen, die eine mit einem Nähkissen; sie tragen schwarzseidene, mit Gold verbrämte Gewänder. Am Ofen spinnt ein Weib mit einem Spinnrocken. Diese Stube ist mit einem goldfarbenen Seidengewirk mit Rautenmuster ausgeschlagen. Auf einem rechteckigen Tisch liegt ein Teppich aus der gleichen Seide; davor stehen ein Webrahmen und ein kleines Spinnrad. In einem kleinen Nähkasten neben dem Tisch finden sich rote und blaue aufgewickelte Seide, Nadel und Faden, ein Fingerhut und kleine Haften; darauf das brandenburgische und das württembergische Wappen; ein anderer kleiner Kasten ist ringsum bemalt. Neben diesem Tisch hängt an der Wand ein Spiegel mit Elfenbeinrahmen. Dem Tisch gegenüber steht eine Kredenz, die ganz mit der schon genannten Seide verkleidet ist, darauf stehen ein Messerbesteck, drei kleine Satzbecher, zwei hohe Deckelbecher, zwei Trink-»Köpfe«, ein hoher, bauchiger Deckelbecher, ein Glas, das aus weißem Chalzedon geschnitten ist, zwei Leuchter, eine Schüssel, acht Teller, ein Gießbecken mit Fontäne, sämtlich aus Elfenbein. – Nach der Stube folgt eine Küche; auf dem Herd ein silberner Bratspieß mit seinem »Feuerhund«, mit dem man den Spieß dreht; an dem Spieß steckt eine Wildente; beim Feuer stehen zwei grünglasierte Töpfe (»Häfen«). Auf der Anrichte stehen sechs Zinnschüsseln mit Henkeln, neun glatte Zinnschüsseln, sechs Zinnplatten, sieben Zinnteller; an den beiden Wänden hängt allerlei Küchengeschirr: Pfannen aus Messing und Kupfer, auch kleine Wannen aus Blech samt anderem großen und kleinen Küchengeschirr; außerdem gibt es einen kupfernen Wasserbehälter, einen Kühlkessel und ein Wassergefäß. – Auf die Küche folgt eine Kinderstube mit Kammer; die Stube besitzt eine rote, silberdurchwirkte Wandbespannung. An ihrem Ofen steht eine Frau in einem Seidengewand, neben ihr ein Knäblein in Samtröckchen und roten Höslein; vorn wiegt eine Frau, auch in einem Samtgewand, ein Kind in einer gedrechselten Hängewiege. Hinzu kommen ein Jungfräulein in einem Kleid aus rotem Atlas, mit Gold und Silber verbrämt, und ein mit einem Hemdchen bekleidetes Kind auf einem hohen Sessel. Hinter der Frau, die das Kind wiegt, steht auf einem rechteckigen Tisch mit rotem Samtteppich eine kleine Truhe mit verzinnten Eisenbeschlägen, darin allerlei Wäsche aus fein bestickter Schleierleinwand; die Truhe ist außen mit Gold ausgemalt. Außerdem drei Nähkörbe aus geflochtenem Silberdraht, ein Silbergefäß mit vergoldetem Dekor, ein mit weißer Florettseide überzogenes Hündchen. An der Wand stehen neben dem Ofen auf einer mit rotem Doppeltaft bedeckten Kredenz ein hoher Kredenzbecher mit Deckel, sechs Hofbecher, eine gefaßte Muskatnuß mit Deckel, fünf Schalen, vier Leuchter, ein Gießbecken mit Kanne, fünf kleine Leuchter, drei kleine Becher, zwei kleine Becher auf drei Füßen, zwölf Teller, sämtlich aus

Silber. Neben der Kredenz hängen ein Besen mit silbernem Stiel und eine silberne Schaufel. In der Kammer daneben sind zwei Bettstätten gerichtet, ihre »Kränze« und Vorhänge von Schleierleinwand sind mit Gold bestickt, haben goldene Fransen.
Solch eine prächtige Ausstattung mit zumeist vergoldetem Silbergerät, mit Samt und Seide, mit Brokat, mit Gold- und Seidenstickerei, mit vielerlei handwerklichen Kunststücken, kann nie und nimmer für spielende Kinder auch nur gedacht gewesen sein. Sie spiegelte einen vornehmen fürstlichen Haushalt und war darauf angelegt, bewundert und bestaunt zu werden. – Wenn 1572 die drei Kinder des Kurfürsten August von Sachsen durch Vermittlung des Leipziger Bürgermeisters Hieronymus Rauscher zur Christbescherung im Torgauer Schloß eine Jagd und einen reichen Hausrat[10] erhielten, dann waren die Möbel, die Tischwäsche, die Haus-, Tisch-, und Küchengerätschaften sowie alles sonstige Zubehör ebenfalls sicherlich nicht zum Spielen vorgesehen, sondern zur Einrichtung eines Hauses, vor dem durch Anschauung die zukünftigen Hausfrauen und fürstlichen Herrinnen die Haushaltung mit ihren Aufgaben begreifen und erlernen sollten. Das wird bei dieser Gelegenheit zwar nicht ausdrücklich hervorgehoben, doch kann es in der damaligen Zeit nicht anders gewesen sein.

Der Meierhof für Herzog Philipp II. von Pommern-Stettin

Einige, wiederum ›übersetzte‹ Auszüge aus der Beschreibung des schon genannten Hainhoferschen »Meierhofes« für den pommerschen Herzog[11] sollen nun vor Augen führen, daß es sich hier wie dort – für den Münchner wie für den Stettiner Hof – um eine ähnliche Aufgabe gehandelt hat, eben um ein Kunstkammerstück:
Gegenüber geht man in die Speisekammer, zuoberst zwölf Gläser, darin allerhand köstliche Wasser, darunter zwölf irdene Teller, sechs Mehlkübel, Tellerbüchsen, Zinnschüsseln und -teller, weiße irdene Dosen, Brot, Kerzen, Aufhängehaken mit Viktualien; zwei Mägde, von denen die eine Schmalz absticht, die andere Fleisch hackt, eine Waage mit Gewichten. – Wenn man die Speisekammer verläßt und die Treppe hinaufgeht, liegt zur rechten Hand die tägliche Wohnstube; darin sitzt an einem rechteckigen, mit einem grünen Tuch bedeckten Tisch die Hausfrau und näht; dort führt auch die Kindsmagd das Kind an der Leine, es neckt mit einem Läppchen an einem Faden eine Katze; außerdem ein Schenktisch, ein Waschkasten, beide mit Gläsern, Becher, Löffel, zweizinkiger Gabel (zum Vorlegen), Messer, Leinwand und anderem ausgestattet. Ein Lotterbett (die beliebte Ruhestatt tagsüber), Sessel, Spinnrocken, Brettspiel, an der Wand Spiegel und Kalender. – Von der Stube geht man in die Kammer, deren Wände mit Teppichen bespannt sind; darin steht eine gerichtete Bettstatt mit grünen Taftvorhängen und schönem Bett. Im Kinderbett schläft ein Kind. Daneben steht ein Schrank mit vier Türen, in dem oben das Silbergeschirr, unten die Leinenwäsche aufbewahrt sind. Zwei Truhen mit Kleidern, an der Wand Degen, Bandelier und Dolch, auf einem kleinen Tisch ein Nachtlicht. – Auf einem Gang sitzen zwei Jungfräulein und nähen, neben ihnen ein Papagei und ein bekleideter Affe an einer Kette. – In der Küche steht am Herd mit offenem Feuer die Magd und kocht das Mus für das Kind. Dort finden sich alle zur Küche gehörenden Dinge. In einem Speiseschrank, neben dem eine schwarze Katze nach einem Fisch im Fischzuber greift, grüne und weiße Töpfe, aus Kupfer, Messing und Eisen Pfannen, Schüsseln, Teller, Leuchter, Spritzen, Löffel, Bratspieß, Wasserfaß, Gemüse, Fleischhackblock, Fischkrüge. Im Rauchfang hängen Würste, an der Küchen- und Stubentür Feuerspritzen. – Wenn man die Stiege hinaufgeht, kommt man direkt in den Saal. Darin ist eine lange Tafel mit rotem Samt bedeckt, die Decke kann man abnehmen, Tische und Stühle wegstellen. Auf der Tafel steht ein silbernes Handbecken. An den vier Seiten des Saales vier rote Samtsessel. Vorn und hinten im Saal dreiteilige Leuchter mit weißen Wachskerzen, dazu ein silbernes Räuchergefäß und Bilder auf den Türen. – Aus dem Saal geht man in des Herren

Schreibstüblein, in dem er an einem Tisch sitzt neben gebundenen Büchern, Geige, Laute, Pirschbüchse, Pistole, Degen und Dolch, Geldtruhe und Briefkasten. Unter der Tür steht ein englischer Hund. Vor der Saaltür sitzt ein Bote, dem ein Junge zu trinken reicht. – Aus dem Saal geht man auf einen Gang, auf dem ein Jüngling die Laute schlägt, neben ihm eine Meerkatze. – Der Saal und das Stüblein sind mit bemerkenswerten Teppichen behängt.
In dem weiträumigen Anwesen des »Meierhofes« gab es auch ein Bauernhaus. Bei diesem gelangte man gleich nach der Tür zur linken Hand in die Bauernstube: Auf dem mit einem hölzernen Geländer eingefaßten Ofen zwei Essigkrüge. Auf der Lotterbank liegt der faule Leonhard und schläft. Auf der Ofenbank stehen eine Haspel, ein Spinnrad und ein Wassergefäß. Auf dem Tisch sitzt ein Kind mit einer Schüssel Milch, daneben ein Laib Brot. Auf einem der beiden Stühle am Tisch eine Katze, auf dem Boden ein schwarzer Hund sowie zwei Hennen. Ein Kind reitet auf einem Steckenpferd. Auf der Bank sitzt die Großmutter und spinnt, bei ihr ein Enkel. Daneben ein kleiner Klapptisch. An der Tür hängt über einem Handtuchholz ein Handtuch, daneben ein Waschkasten, in diesem vier Bauerngläser, unter dem Gießbecken hängt ein kupferner Krug. – In der Bauernkammer eine Bettstatt für zwei Personen mit einem halben Himmel, vor der Bettstatt eine niedrige Truhe mit den Kleidern der Bäuerin, daneben ein grüner Nachttopf und ein Paar Bauernschuhe. Zwischen den Fenstern in einer Truhe die Kleider des Bauern. Dort steht auch ein Kinderbett. Gegenüber ein Wäscheschrank und neben ihm ein weiteres Kinderbett. Vom Gang zu dieser Kammer führt ein weiterer zum »heimlichen Gemach«, wo eine Magd ihre Notdurft verrichtet, eine zweite schüttet mitten auf dem Gang einen Topf aus.
Die ausführliche Wiedergabe der alten Beschreibungen, die hin und wieder eine damals sicher selbstverständliche Feststellung so kurz fassen, daß es uns schwerfällt zu verstehen, was eigentlich gemeint ist, die anderseits so anschaulich sind, um einen lebendigen Eindruck vermitteln zu können, wird uns später ersparen, die erhaltenen und hier mit vielen Bildern vorgeführten Puppenhäuser im einzelnen zu erläutern, denn Grundanlage, Einrichtung und Ausstattung blieben sich gleich bis in das 19. Jahrhundert. Die Vielfalt der Varianten im Detail ergibt dann allerdings den individuellen Charakter und den besonderen Reiz eines jeden einzelnen.

1727 heißt es in Johann Hübners »Curioses und reales Natur,- Kunst-, Berg-, Gewerk- und Handlungs-Lexicon«, das damals fünfzehn Jahre nach seinem ersten Erscheinen in Leipzig bereits in fünfter, erweiterter Auflage herauskam, zum Stichwort »Puppenhaus«[12]: »...worinnen alles, was zu einer Haushaltung, so wohl zur Zierde und zur Pracht, als auch zur Notwendigkeit erfordert wird, sehr artig und teils kostbar nachgemacht und geschicklich in den Gemächern, Zimmern und daselbst befindlichen Kästen und Kisten, Behältern und Schränken eingeteilt und verwahret zu befinden«. 1741 fügt Johann Heinrich Zedler in seinem »Großen, Vollständigen Universal-Lexicon« noch hinzu: »...Wie denn wohl kein Handwerk ist, welches nicht dasjenige, was es im großen gewöhnlich zu machen hat, ebenfalls dergleichen auch in ganz kleinen Modellen verfertigt, worinnen insonderheit die Städte Augsburg und Nürnberg vor andern etwas voraus haben«[13]. Kein Wort, daß solch ein Puppenhaus ein Kinderspielzeug wäre.

1712 finden wir ein Puppenhaus im Nachlaßinventar des wohlhabenden Nürnberger Kaufmanns Johann Christoph von Lemp auf Ebenreuth[14]. Sein Großvater war während des Dreißigjährigen Krieges als protestantischer Exulant aus Eger in die freie Reichsstadt gekommen. Eine Tochter und ein Sohn des von Kaiser Leopold I. Geadelten heirateten in das Nürnberger Patriziat ein. Im Haus dieses Johann Christoph von Lemp stand also in der zur Diele des Erdgeschosses gehörenden Kammer ein »Dockenhaus mit allem Zubehör«; es wurde mit 25 Gulden eingeschätzt. Solch eine Bewertung für uns einsichtig zu machen, ist außerordentlich schwierig, weil wir nicht wissen, von welcher Beschaffenheit und in welchem Erhaltungszustand vergleichbare Dinge waren. In Lemps Haushalt wird ein Nußbaum-»Kalter« (ein mit Nußbaum furnierter Kleiderschrank) mit 24 Gulden veranschlagt, aber ein großer gefirnißter Kalter mit fünf Türen, drei Schubladen und geschnitzten Engelsköpfen nur mit zehn Gulden (er mag älter gewesen sein, stammte auf jeden Fall noch aus dem 17. Jahrhundert), dann ein Nußbaumtisch mit gemaltem Blatt (bemalter Platte) schon mit dreißig Gulden, ein schwarz gebeizter Schreibtisch, dessen Fuß (Gestell) mit Kristall (Bergkristall) und Gold eingelegt war, samt einem Spiegel mit grünen und anderen falschen Steinen sogar mit fünfzig Gulden. Das 1682 in der Aussteuer der Ehefrau samt allem Zubehör mit zweihundert Gulden angesetzte, aus Nußholz geschnitzte Ehebett wird immerhin dreißig Jahre später nur noch auf 110 Gulden geschätzt. Man gewinnt den Eindruck, daß vor allem der materielle Wert bemessen wurde, nicht die ausführende handwerkliche Arbeit. Da bei einem Puppenhaus die meisten Werkstoffe durchaus nicht kostbar waren – wenn es sich nicht gerade um ein fürstliches wie das Münchner handelte –, so mag das Lempsche Puppenhaus schon ansehnlich und gut ausgestattet gewesen sein.

Das Haus der Anna Köferlin von 1631

Daß der eigentliche ›Wert‹ eines Puppenhauses bei der aufgewendeten Arbeit lag – meist von vielen spezialisierten Handwerkern ausgeführt –, die aber vom Preis her kaum ins Gewicht fiel, veranschaulicht höchst eindringlich das Nürnberger Haus der Anna Köferlin aus dem Jahre 1631[15]. Allerdings ist es nur aus einem Flugblattholzschnitt bekannt. Wenn mit persönlichem Einsatz und mit Ausdauer eine kinderlose, offenbar durchaus nicht begüterte Nürnbergerin – mitten in den schweren Jahren des Dreißigjährigen Krieges – ein mehrstöckiges Puppenhaus hat errichten und einrichten können, so war das wohl keine Geldanlage. Zweifellos hat Anna Köferlin ihr Haus nicht allein erbaut, sondern war nur die treibende Kraft bei seiner Ausführung. Für ihre tatsächlichen Ausgaben wird sie kaum eine der seit dem 16. Jahrhundert allenthalben von Adligen wie von Bürgerlichen geschätzten schweren goldenen Panzerketten haben erstehen können, die – nach Aussage der zeitgenössischen Bildnisse – sogar meist zu mehreren von unterschiedlicher Länge übereinander getragen wurden. Der erwähnte Johann Christoph von Lemp besaß – unter vielen anderen kostbaren Schmuck- Fig. 1

stücken – zwei Goldketten, die eine auf mehr als fünfzig, die andere auf mehr als fünfunddreißig Gulden geschätzt, sowie eine goldene Panzerkette von mehr als achtundzwanzig Gulden.

Anderseits muß festgehalten werden, daß sich doch nur gut situierte Familien ein Puppenhaus haben leisten können und geleistet haben. Das Haus im Besitz der Anna Köferlin, einer schlichten Bürgerin, scheint eine Ausnahme gewesen zu sein. Während sonst anscheinend die Puppenhäuser als Privatbesitz gehütet wurden, stellte sie das ihre voller Stolz für Geld aus. Bisher meinte man, Anna Köferlin wäre unverheiratet gewesen, doch heißt es in dem Gedicht ihres Flugblattes lediglich, daß sie »zu keiner Kinder Mutter gewürdiget« wäre. Die mir aus den Unterlagen des Landeskirchlichen Archivs nachgewiesene Anna Köfferle hatte zwei 1598 und 1599 geborene Kinder, die jedoch früh gestorben zu sein scheinen, so daß ihre Bemerkung durchaus als Bestätigung für diese Identifizierung gelten dürfte. Sie wäre demnach eine geborene Hübner aus Neustadt (an der Saale?) und die Schwiegertochter des Rechenmeisters Simon Köferll, der vor Februar 1592 verstorben ist. 1596 heiratete sie dessen wahrscheinlich 1574 geborenen Sohn Hans (Johannes), von dem anzunehmen ist, daß er Kaufmann war; er starb 1632, die Witwe erst 1647. Ein Flugblatt, die übliche Reklame damals, sollte also Besucher des Puppenhauses anlocken. Unter seiner in Holz geschnittenen Ansicht berichtet ein Gedicht mit der langatmig bedächtigen Umständlichkeit der Zeit von Sinn und Ziel der Attraktion, dem »Kinder-Hauß, dergleichen nie gesehen noch gemacht«. Am Anfang der holprigen Knittelverse heißt es nachdrücklich: »Also der Mensch verständig klug / zur Arbeit ist geboren... Und sonderlich wann er gesund / jung, stark an sein(en) Gliedmaßen, er ganz vergeblich keine (keine einzige) Stund / ohn Arbeit soll hinlassen«. Weiter wird erklärt: »Ein Weib ein schwaches Werkzeug ist / (um) groß(er) Arbeit vorzustehen / (es) ihr vielmaln mangelt und gebrißt. / Doch wann wir recht ansehen / ihr(e) Hausarbeit und große Müh / so sie mit kleinen Kinde(r)n / muß haben sowohl spät als früh / dann werden wir erst (heraus)finden / daß sie niemals zu feiern hat.« Obwohl Anna Köferlin selbst »zu keiner Kinder Mutter gewürdiget«, hat sie doch nicht feiern wollen: »Sondern was man vor Augen sicht (= sieht) / der (= für die) Jugend ohn' Beschwerden / etlich Jahr her (= durch etliche Jahre hindurch) zusamm(en) gericht(et) / mit Müh und allem Fleiße / (um) der Jugend (zu) geben Unterricht / daß sie auch gleicherweise / von Jugend an sich (ge)wöhnen soll / allzeit etwas zu schaffen /... Darum, ihr lieben Kinderlein / beschaut alles gar eben / wie alles ist geordnet fein / soll euch ein(e) gut(e) Lehr(e) geben. / Daß wann ihr dermaleins zu Haus (zu einem eigenen Haus) / kommt und euch Gott tut geben / (einen) eigenen Herd, daß ihr's voraus (zuvor) / bei all eu(e)rm Leib und Leben / ordentlich und nach der Gebühr / in eurem Haushalten / richtet und ordnet. Denn wie ihr / wißt, daß die lieben Alten / pflegten zu sagen: In ei(ne)m Haus / wo Unordnung regieret / so ist es bald mit (dem)selben aus / Unordnung wenig zieret. / So schaut nun an dies Kinderhaus / ihr Kinder, inn(en) und außen / Schaut's an und lernet bevoraus (=im voraus) / wie ihr einmal sollt hausen. / Schaut wie alles ist ordiniert (=geordnet) / in Küch(e), Stuben und Kammer / so's anderst (=doch anderseits) recht wohl ist geziert. / Schaut, was doch für ein Jammer (=Menge) / Hausrat ein wohlbestelltes Haus / (er)fordert. Doch mit wenigem / kommt man zu Zeiten / auch wohl aus / so man sich (be)gnügt an jenem. / Seht euch wohl um, seht hinter sich (=euch) / seht's allenthalben eben / wieviel man euch der hundert Stück (=an Hunderten von Stücken) / allhier zu sehen (ge)geben. / Von Bettgewand (=Bettzeug), von Kaltern (=Schränken) schön / von Zinn, Kupfer und Messing / so zugericht, daß ob's (=obwohl es) schön klein / ist's doch alls zu genießen / auch zu dem allgemeinen Brauch (=kann es doch alles benutzt werden). / Ein jedes Stück merk eben / ein jed(e)s bald hie, bald dorthin taug(t) / tut seinen Nutzen geben. / Es hat (=gibt) Stub(e)n, Kamm(e)r, Kell(e)r, Kuch(e) / dazu seinen (Ge)Treideboden. / ...Von Saitenspiel findst du dergleich

(=gleichfalls) / zu kurzweiligen Sachen / ein Instrument, Lauten und Geig(e) / mit dem man kann aufmachen (=aufspielen). / Ein Flöten und Zwergpfeifen dabei / wirst du finden darinnen / damit, wann man will lustig sein / eins zusammen kann stimmen. / Auch hast du dort in einem Eck / fein nach der Ordnung stehen / die Bücher wie ein Bibliothek / nacheinander (an)zusehen. / Ein Rüstkammer auf all Manier / Rüstung man da anschauet / von Büchsen, Harnisch, Wehr, Rapier / daß ein(em) fast davor grauet. / Von Kürissen für Roß und Mann / von allerhand Kriegswaffen / mit Verwund(e)rung zu sehen an / (so) daß (du das) Maul vergißt, steht offen (=es bleibt offen stehen). / Also (=ebenso) sieht man dort an der Wand / gar mancherlei gemalet / wie auch zu sehen manchs Künstlers Hand / in Stuben, Kamm(e)r und Saale. / ...Die Höh(e) dies(es) Hauses ist neun Schuh / fünf Schuh betrifft die Breite / die Tiefe auch vier Schuh dazu / ...Der Keller allerlei Getrank / von Rheinfall, Malvasiere (=italienischer Rot- bzw. Süßwein) / allzeit einen Vorrat herlangt / von Wein, rot und weiß, Biere. / So gar, das was zwölf starker Mann (=zwölf starke Männer) / auf ein(e) Zech(e) können trinken / ich sie damit versehen kann / daß sie taumeln und hinken. / Summ(a): all(e)s nach der Proportion / alles nach dem klein(en) Schuhe / ist's überall gerichtet an / durch Müh (und) Arbeit spät (und) fruhe. / Daß wann ich sollt erzählen all(e)s / was darinnen (ist) zu sehen / dieses Papier wäre gleichfalls / zu wen(i)g, muß (ich) selbst gestehen. / Weil aber dieses nur allein / die Form bloß (=die äußere Form) präsentieret / wird dir besser gedienet sein / wann (du) siehst, wie es gezieret (ist). / Drum hab ich dies in einer Summ' / hiermit wollen anzeigen. / Der's nicht geseh(e)n, derselb noch komm / ihm soll es auch dergleichen (=gleichfalls) / mit gutem Will(e)n gezeiget werd(e)n. / Ich weiß, (daß) Unkost(en), Zeit und Weile / wird ihn nicht reuen.«

Noch erstaunlicher als die Höhe von ca. 240 cm bei einer Breite von 134 cm, ist die Tiefe von rund 100 cm. Auf der Fassade kann man neben der Jahreszahl 1631 die lateinischen Inschriften PRINCIPIO RESPICE FINEM (im Anfang bedenke ich das Ende) und SOLI DEO GLORIA (Gott allein die Ehre) lesen. Der Käfer links unten deutet darauf hin, daß sich hinter der Signatur HK [16] ein Familienangehöriger (Köferlein=Käferlein, kleiner Käfer) der Erbauerin verbirgt, vielleicht sogar ihr Ehemann Hans Köferlein.

Über dem Erdgeschoß, dessen Hauptportal Säulen flankieren, während auf seinen Giebelschrägen zwei Figuren lagern, erheben sich zwei Obergeschosse. Von ihren je fünf Fassadenfenstern ist das mittlere im ersten Stock als Erker bzw. Chörlein ausgebaut, wie sie in Nürnberg seit dem 14. Jahrhundert beliebt und charakteristisch waren; drei weitere Fenster sind bis in halbe Höhe mit einem kleinen Vorbau versehen. Im hohen, wohl mit Ziegeln gedeckten Dach scheinen noch zwei Bodengeschosse enthalten zu sein, denn je drei Dacherker sind in zwei Reihen übereinander angeordnet. Mit seinen Fenstern auch an der Seitenwand – gleichfalls mit Butzenscheiben –, der Regenrinne mit zwei Tierköpfen mit aufgesperrten Mäulern als Wasserspeiern scheint dieses Haus mancherlei Übereinstimmung besessen zu haben mit dem der Familie Bäumler im Germanischen Nationalmuseum, Nürnberg.

Dockenhäuser aus Nürnberg und in Augsburg

Eine Nachricht des späten 17. Jahrhunderts bezeugt dann aber nicht ein Puppenhaus als stolzes bürgerliches Sammelobjekt, sondern als tatsächliches, prächtiges Kunstkammerstück. Das Inventar des Schlosses im niederösterreichischen Pottendorf zählt 1671 aus dem Besitz des Grafen Franz von Nadasdy in der Schatzkammer u. a. auf[17]: »Casten Nr. 4: ein schwarz gebeizter Nürnbergischer Dockenkasten mit 17 abgeteilten und teils gespalierten (teilweise getäfelten) Zimmern. Darinnen sind zwei Spiegel mit falschen Steinen besetzt, allerlei Suppellectilia (Hausrat) von Elfenbein, im ganzen 52 Stück, und andere dergleichen von weißem und schwarzem Alabaster 21 Stück, zwei Serpentinflaschen, 24 Bilder und Agnus Dei, so teils aus Wachs bossiert (modelliert) sind.

Kasten und Truhen 10 Stück, Betten, Öfen und alles, was zur Einrichtung einer Wirtschaft (Haushaltes) gehört.« Da stand also, nahe der Grenze zum Burgenland, in der Kunstkammer des enteigneten und kurz darauf hingerichteten reichen Magnaten das Prunkstück eines Nürnberger Puppenhauses.

Der Augsburger Patrizier und Historiker Paul von Stetten d. J. schildert 1765 in seinen »Erläuterungen der in Kupfer gestochenen Vorstellungen aus der Geschichte der Stadt Augsburg« die Sitten im 17. Jahrhundert u. a.[18]: »Bei der Erziehung der Mädgen muß ich der Spiehl-Sachen gedenken, mit welche manche spiehlten, biß sie Bräute wurden, nemlich der sogenannten Dockenhäuser. Darin war alles, was zu einem Hause und einer Hauß-Haltung gehörte, im kleinen vorgestellt, und manche trieben dabey die Ueppigkeit so weit, daß ein solches Spiehl-Werk gegen tausend Gulden und mehr zu stehen kam. Hingegen las kein junges Frauenzimmer etwas anderes als geistliche Bücher und den Calender, und auch diese schlecht genug, man gab sich auch keine Mühe, sie von etwas anders als ihren Hauß-Geschäften reden zu lehren, und ihre Sprache und Weise sich auszudrücken war von den Redens-Arten ihrer Mägde nicht unterschieden. Es gab zwar einige, die etwas mehr wußten, allein in sehr geringer Anzahl.« Wenn nun Paul von Stetten tatsächlich von Spielsachen spricht, muß man bedenken, wie sehr er den Vorstellungen seiner eigenen Zeit – der zweiten Hälfte des 18. Jahrhunderts – unterworfen ist. Er fügt ja hinzu, daß manch Puppenhaus eintausend Gulden und mehr gekostet habe; da handelt es sich gewiß nicht um Spielsachen nach dem heutigen Sprachgebrauch, mit denen hantiert und gewerkelt wird, sondern um »Dockenwerk« im damaligen Sinn: etwas Miniaturhaftes und eigentlich Nutzloses, nichts eigenständig Unterschiedenes, vielmehr die ins Kleinformat umgesetzte Ausgabe von etwas Bestehendem.

Als solch »Spielwerk« könnte man auch den berühmten Pommerschen Kunstschrank ansprechen, der 1617 zusammen mit dem sogenannten »Meierhof« von Philipp Hainhofer nach Stettin geliefert wurde. Mit all seinem kostbaren Gerät, seiner kunstreichen Ausführung wurde er auf wenigstens zwanzigtausend Gulden geschätzt. Ein »Dockenhaus« von auch nur fünf Prozent seines Wertes muß in seiner Art immer noch ein prächtiges »Kunst«-Stück eines bürgerlichen Hausstandes gewesen sein. Darin u. a. Silbergerät anzutreffen, wäre angesichts des im 17. und 18. Jahrhundert blühenden Augsburger Goldschmiedehandwerks nicht verwunderlich. Das Nürnberger Puppenhaus, das zeitweise der Patrizierfamilie Kress von Kressenstein gehörte, soll übrigens gleichfalls Silbersachen besessen haben, bevor es vor rund einhundert Jahren in das Germanische Nationalmuseum gelangte[19].

Nachdrücklich betont Paul von Stetten, daß sich damals für die bürgerliche Hausfrau alles nur um den Haushalt und die eigene Familie, für die sie zu sorgen hatte, drehte. Seit dem Mittelalter hatte sich ihr Horizont kaum erweitert. Der weibliche Teil des gehobenen Bürgerstandes lebte wie Bauern und Handwerker in einem eng begrenzten Bereich, der gerade den Wohnort und seine nächste Umgebung einschloß. Haus und Haushalt waren die Welt, der in ihrer geordneten Kleinheit eine Bedeutung zukam, die sich zu vergegenwärtigen uns kaum noch gelingen kann. Der fest in sich gefügte häusliche Alltag forderte ein reiches Maß an Pflichten und Aufgaben – während der wechselnden Zeiten des Tages und des Jahres sowie auf den verschiedenen Stufen des Lebens.

Haushalt und Hausrat

Eine Lübecker Schrift von 1492 und die zwei Jahre später in Augsburg erschienene »wie ein yegklich man haushaben und sein haus regiren soll« gehören zu den Inkunabeln des deutschen Buchdrucks. Zusammen mit den seit 1485 in Nürnberg, Augsburg und Mainz gedruckten Kochbüchern – »küchenmaistrey« genannt – dokumentieren sie, wie groß der Bedarf an solchen Anweisungen für den bürgerlichen Alltag war, so daß man sie schon wenige Jahrzehnte nach der Erfindung der Buchdruckerkunst vervielfältigt herausbrachte. Von Vorlagen für Stick- und Bandwebmuster – also für die weibliche Handarbeit – sind noch einige handgeschriebene Nürnberger aus dem späten 15. und dem frühen 16. Jahrhundert erhalten[20]. 1523 erschien dann bei Johann Schönsperger in Augsburg, der dort auch Stoffdruck betrieb, das erste gedruckte Modelbuch mit Stickvorlagen; das erste gedruckte italienische – bezeichnenderweise für Spitzenmuster – kam 1527 heraus. 1593 veröffentlichte Johann Coler den dickleibigen Folianten seiner »Oeconomia ruralis et domestica«, später kurz »Haushaltungsbuch« genannt, die in großer Ausführlichkeit über all das belehrt, was zum Aufgabenbereich eines Hausvaters und einer Hausmutter gehört. Hundertundzwanzig Jahre hindurch mußte das Werk immer wieder neu aufgelegt werden. Ende des 17. Jahrhunderts brachte Johann von Hohberg seine mit Kupferstichen illustrierte »Georgica curiosa« erstmals in drei dicken Foliobänden heraus.

Angesichts der allein in den erhaltenen Inventaren aufgeführten Mengen ist von den alltäglichen und gewöhnlichen Dingen des Haushaltes vor vierhundert, dreihundert oder auch nur zweihundert Jahren verschwindend wenig übrig geblieben. Sie haben sich abgenutzt, sind verbraucht worden, oder man hat sie später als ›altmodisch‹ und unnütz zum Gerümpel und Alteisen geworfen. Zinn-, Kupfer- und Messinggerät, das die Besitzverzeichnisse oft nur dem Gewicht nach aufführen, wurde eingeschmolzen. Immerhin besitzen wir noch eine Anzahl Möbel, vor allem Schränke, Truhen, Tische und Stühle, die teilweise nicht so der Abnutzung unterworfen waren, besonders die Prunkstücke, von denen sich die Nachfahren nicht so leicht trennen mochten. Neben den kostbaren Arbeiten der Goldschmiede, von denen aber gleichfalls nur ein Bruchteil die Zeiten überdauert hat, blieb sehr wenig Gerät aus unedlem Metall und Holz erhalten. In Deutschland fehlen so gut wie ganz die Textilien, wie Decken, Kissenbezüge, Vorhänge, Handtücher, Bett- und Tischwäsche; auch an Kleidern sind uns nur vereinzelte Stücke aus der Zeit vor 1700 noch im Original bekannt. Fast völlig verloren ist das schlichte bürgerliche Eßgerät, Dosen und Körbe, Besen und sonstiges häusliches Werkzeug, die vielerlei großen und kleinen nützlichen Dinge. Was wir davon wissen, stammt zumeist aus zeitgenössischen Aufzeichnungen, aus Inventaren und Haushaltungsbüchern, Briefen und Akten, oder ist hier und da auf Abbildungen zu erkennen, auf Stichen, Holzschnitten, Gemälden. Immerhin besitzen einige Museen und Sammlungen doch einzelne solcher Gegenstände. In rechter Vollständigkeit ist im kleinen aber alles in den großen alten süddeutschen Puppenhäusern – in erster Linie den Nürnberger – bewahrt. Vier ganze Häuser und mehrere Stuben aus dem 17. Jahrhundert befinden sich im Germanischen Nationalmuseum, weitere im Magdeburger Museum[21] und im Victoria and Albert Museum bzw. seiner Dépendance, dem Bethnal Green Museum, in London[22]; das des Berliner Schloßmuseums[23] ist seit 1945 verloren. Ein Augsburger Puppenhaus steht im Bayerischen Nationalmuseum in München[24]; die Museen von Basel[25] und Straßburg[26] besitzen jeweils ein einheimisches. Auch wenn die Ausstattung dieser Häuser des 17. Jahrhunderts im 18. und 19. teilweise ergänzt oder etwas verändert wurde, so bergen sie doch vor allem Gut aus der Zeit ihrer Entstehung und verdanken ihr den Gesamtcharakter.

Wie das Haus der Anna Köferlin von 1631 hatten die Nürnberger Häuser ursprünglich auf der Vorderseite eine Fassadenwand, so daß man nicht wie heute durch breite Glasscheiben, sondern nur durch kleine Fensteröffnungen hineinschauen konnte. Mit ihrer – notwendigen – Ausrichtung auf eine Schauseite unterscheiden sich die Häuser grundsätzlich von einem ›echten‹ Haus. Sie sind eben keine maßstabgetreuen Miniaturausgaben eines originalen Hauses, sondern spiegeln ein solches auf eine einzige Ansichtsebene hin, nach dieser haben sich Aufbau und Einrichtung richten müssen.

Das älteste Nürnberger Puppenhaus

Das breiteste und älteste der Häuser im Germanischen Nationalmuseum besitzt nicht wie die anderen ein hohes Giebeldach: 1–13

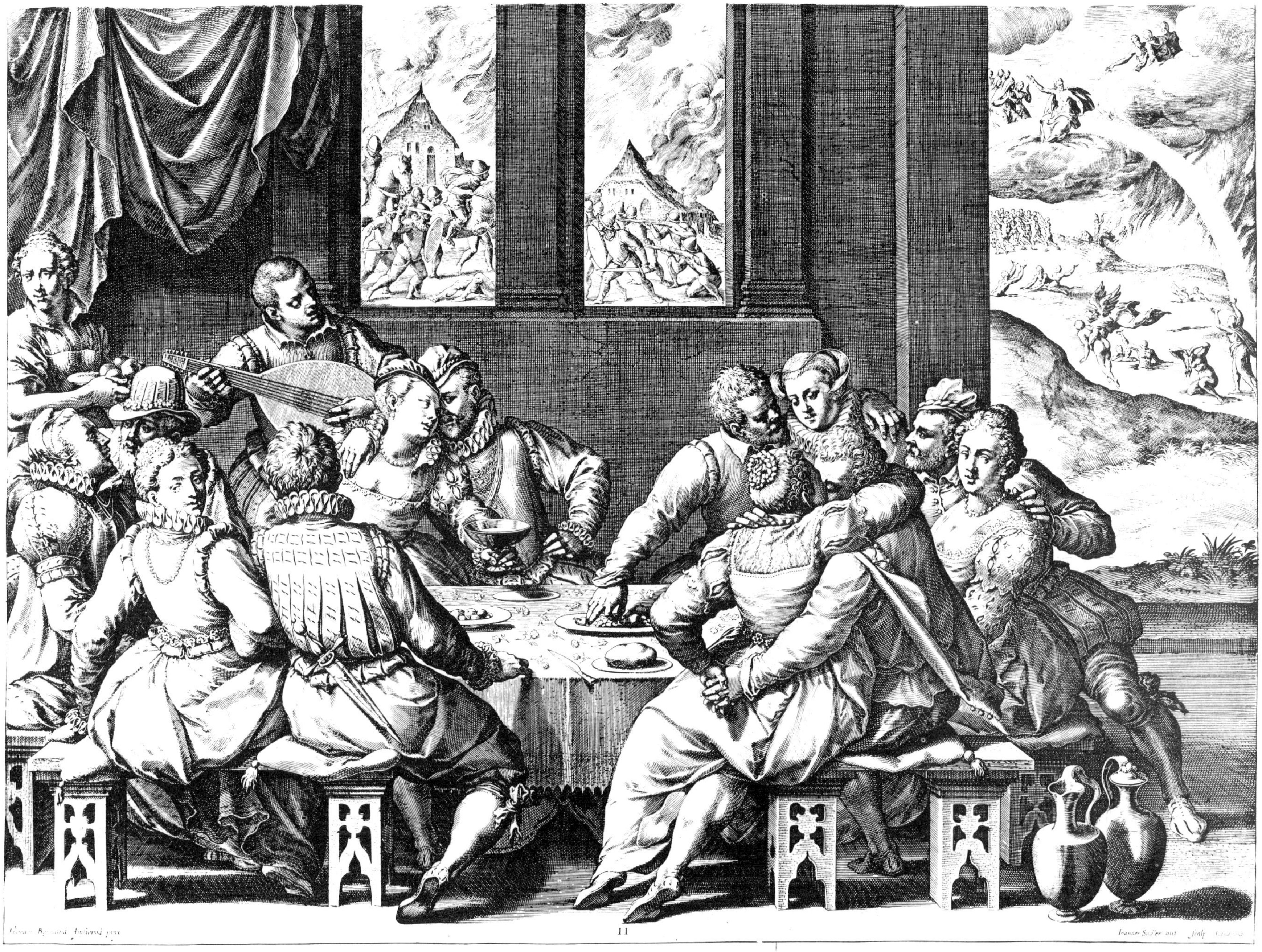

Fig. 3 Jan Sadeler d. Ä., Gastmahl aus einer gestochenen Darstellung des Jüngsten Gerichts. Vorbild für die Malerei im Nürnberger Puppenhaus von 1611 (vgl. Abb. 13).

Hinter dem oberen geschlossenen Teil der
Schauwand mit seinen fünf Fenstern muß
man sich das Steildach verborgen denken.
Erst vor kurzem wurde an versteckter Stelle
2 im Erdgeschoß die Jahreszahl 1611 entdeckt.
Der Sockel ist hier als Keller ausgebildet, in
den mehrere Türen hineinführen. Auf der
bemalten Innenseite der rechten bringt eine
3 Magd, barfuß und mit einer Bütte im Arm,
ein bereits nacktes Kind, das eine Schöpf-
kelle hält, in die Badestube (die also in der
Nähe zu denken ist); darum tragen beide
runde »Badehüte«. Auf einer anderen Tür
1 sieht man, wie – gleichfalls in einem ge-
wölbten Gang – ein mit Federhut und Hals-
krause modisch gekleideter Knecht lange
Reitstiefel putzt. Einzigartig ist der große
Saal im Erdgeschoß, dessen Wände teilweise
mit auf Papier gemalten Bildern geschmückt 2, 13
sind, die sicherlich Fresken oder Wandteppi-
che vortäuschen sollen. Der Maler hat sich
einen Stich von Jan Sadeler d. Ä., den dieser Fig. 3
wiederum nach einer Zeichnung von Dirck
Barendsz (1534-92) seitenverkehrt ausge-
führt hat, als Vorbild genommen, ihn aber
abgeändert und erheblich erweitert[27]. Eine
fröhliche Gesellschaft tafelt im Garten. In
der oberen rechten Ecke der hinteren Wand

sind zudem drei Frauen und ein Jüngling
beim Kartenspiel anzutreffen, während eine
Magd einschenkt; wie in Nürnberg üblich
bedeckt die Täfelung des Zimmers die
Wände nur bis in dreiviertel Höhe, so daß
auf ihrem Gesims Schüsseln und Ziergerät
Platz finden können. Durch eine Falltür im
gedielten Boden dieses Saales läßt sich der
4/5 Keller erreichen. Den großen Hof daneben
fassen auf der rechten Seite Laubengänge mit
vergoldetem Dockengeländer in drei Ge-
schossen übereinander ein, der oberste Gang
setzt sich auf der Rückseite des Hofes fort,
wo in den Nischen (gemalte) Mönche und
Nonnen miteinander scherzen und kosen. In
einem Winkel des Hofes steht zur Bewässe-
rung des in seiner Mitte regelmäßig angeleg-
ten Blumengartens ein Brunnen, dessen
Becken und hohe Rückwand mit bunten,
goldgerahmten Bildern und Ornamenten
bemalt sind. Da der Hof eigentlich kein In-
nenraum ist, hat man seine ›Decke‹ – teil-
weise – mit Mond und Sternen geschmückt.
Auf seiner linken Seite führt eine Treppe in
den ersten Stock. Dort liegt – wie bei allen
1 Nürnberger Puppenhäusern – die Küche,
während in der Mitte die Treppe in den
zweiten Stock weiterleitet. Auf die Wände
6–8 des Treppenhauses sind die Figuren von
Mägden und reisigen Junkern, die mit Lan-
zen, Spießen und Hellebarden paradieren,
gemalt, außerdem über die Türen und dane-
ben liegendes Wild mit plastisch hervortre-
tenden Köpfen. Den Treppenvorplatz (»sol-
ler«) verbindet jeweils eine hohe Tür sowohl
mit der Küche als auch mit den verschiede-
nen Stuben. Der Küche gegenüber liegt das
11/12 tägliche Wohnzimmer, das hier um die
Mitte des 18. Jahrhunderts mit Vertäfelung,
Möbeln und weißem Ofen neu ausgestattet
wurde. Wie im Zimmer darüber, das noch
9, 227 im frühen 19. Jahrhundert einige Möbel be-
10 kommen hat, und in der Prunkstube im
zweiten Stock auf der rechten Seite ist aber
die originale Bemalung mit Blütengirlanden
über der Vertäfelung erhalten. Vom Hof ab-
gesehen, grenzten ursprünglich jeden Raum
dieses Hauses nach vorn eine von Baluster-
säulen getragene Rundbogenstellung und
ein unteres Dockengeländer ein, nur im
7 Treppenhaus fast vollständig, sonst mit den
seitlichen Halbsäulen erhalten. Die Zim-
merdecken von Wohnstube und Prunkstube
sind – wie offenbar üblich, denn auch bei den
anderen Nürnberger Puppenhäusern heben
sich diese derart heraus – getäfelt, die ande-
ren bemalt, sei es auch nur mit Streifen oder 9
einer Quadrierung. Gleichfalls mit einem
Streifenmuster ist zuoberst der Boden ge-
schmückt, den man allerdings nur besichti-
gen kann, wenn man seine verriegelten
»Butzenscheiben«-Fenster öffnet. Das Haus
ist 241 cm hoch, 195 cm breit und 58–62 cm
tief.

Das Nürnberger Puppenhaus von 1639

Das Puppenhaus mit der Jahreszahl 1639 an 14–31
der mittleren Dachgaube dürfte den Ein-
druck seiner Entstehungszeit mehr oder
minder vollkommen bewahrt haben. Es
mißt bis zu den Dachgiebeln nur 203 cm, ist
152 cm breit und 50,5–52,5 cm tief. Immer-
hin ist das nur die halbe Tiefe des Köferlin-
schen Hauses, und doch scheint sie hier
schon beträchtlich und macht die kleinen 17/18
Kammern im Sockelgeschoß zu recht langen
Schläuchen. Diese sind bis auf eine getüncht.
Die einzige getäfelte, die sich wohl als Kin- 18
derzimmer von den Kammern der Knechte
und Mägde abheben soll, besitzt zudem eine
ornamental bemalte Decke, jene nur farbig
gestreifte. Besonders schön sind die bunten
Deckenmuster der beiden »soller« (Trep- 21
penvorplätze) im ersten und zweiten Stock
und der linken Stube im Obergeschoß, wäh-
rend die Decken des täglichen Wohnzim-
mers und der Prunkstube – über der Küche – 24
getäfelt sind. Letztere haben Dielenboden,
dagegen weist bei den anderen ein buntes
Muster auf Fliesen hin. In der Eingangshalle
des Erdgeschosses ist Kopfsteinpflaster
durch Malerei imitiert. Bei der Täfelung der 26
Wände wurde jeweils ein Eckplatz für den
Kachelofen ausgespart. In dem Zimmer
über der täglichen Wohnstube sind die
Wände mit einem Holzmaserung vortäu- 29
schenden Papier beklebt (was auf spätere
Veränderung schließen läßt). Während die
Wände der Eingangshalle und des ersten
Sollers Sandsteinquaderung andeuten, über 23
der zwar teilweise das obere Gesims der ar-

chitektonischen Türrahmungen weiterläuft, imitiert die bemalte Rückwand des zweiten 21 Sollers eine schwere Stoffdrapierung. Beide Soller sind nicht nur durch Türen, sondern auch noch durch Licht spendende Butzenscheibenfenster mit den benachbarten Räumen verbunden. Dieses Haus begegnet in der Literatur als Stromersches Puppenhaus. Doch hat es den Freiherrn von Stromer nur von 1862 bis 1939 gehört und kam als deren Leihgabe bereits 1879 in das Germanische Nationalmuseum. Man weiß von ihm seit 1825, als Emilie Ernestine Freifrau von Haller (gest. 1856) es aus dem Nachlaß des Karl von Wölckern erwarb[28]. Ihre älteste Tochter Helene Christine heiratete 1847 Christoph Gottlieb Friedrich Freiherrn von Stromer. Auf diesem Wege scheint das Haus in Stromerschen Besitz gekommen zu sein. Der ursprüngliche Besitzer läßt sich nicht 15 mehr ermitteln, denn der liegende Löwe des in Rautenfeldern vergitterten Ovalfensters über dem Eingang ist wohl kein Wappentier, das auf den Auftraggeber hinwiese. Die fünfzehn Räume des Hauses enthalten über tausend kleine und kleinste Gegenstände. Kaum etwas dürfte vergessen sein, von den zahlreichen Betten mit all ihrem Zubehör an Kissen, Decken, mit Spitzen und Stickerei verzierten Bezügen, den gefüllten Schränken, den Kästen und Koffern, den Bildern an den Wänden – vielerlei Landschaften und al- 21 legorische Personifikationen der Tugenden 22 –, Schaukelpferd, Holzsesselchen und Laufstuhl für die Kinder, Spiele für die Erwachsenen, dem mannigfaltigen Geschirr aus Ton, teilweise glasiert, Messing, Kupfer, Zinn und Blech, bis hin zum Spinnrocken, 19 den Wäsche- und Küchenbrettern, dem wohl sortierten Handwerkskasten, den Mulden, Bottichen und Weinfässern, schließlich Schubkarren, Rechen und Vieh 16 im Stall. Übrigens ist dieser als einziger Raum mit den übrigen nicht durch eine Tür verbunden, nur von außen, von der linken Seite, führt eine Nebentür hinein für den Knecht, der deshalb darauf gemalt ist. Sonst betritt man das Haus durch das mittlere Portal der Frontseite und findet rechts und links von der Eingangshalle den Weinkeller, die Vorratskammer, einen Laden, zugleich als Schreibstube des Kaufmanns eingerichtet, die Waschküche und drei Schlafkammern für Kinder und Gesinde. Ein Bett steht in den Obergeschossen sowohl in der täglichen 31 Wohnstube als auch in dem Zimmer darüber, obwohl nur dieses als Schlafzimmer 29 anzusprechen ist. Auf Bildern und Stichen der Zeit essen, spielen oder musizieren große und kleine Gesellschaften gleichermaßen in Zimmern mit einem Bett in der Ecke. Tatsächlich muß es so gewesen sein, nicht nur im Puppenhaus, wo man die im Bürgerhaus zu beinahe jedem Zimmer gehörende Kammer, die kaum kleiner zu sein brauchte, aber meist nicht nach der Straße, sondern nach dem Hof gelegen und nicht heizbar war, wegen der einen Ansichtsseite nicht hat ›abbilden‹ können. – So stand z. B. 1712 in Nürnberg bei Johann Christoph von Lemp[29] das Ehebett in der »schönen Stubenkammer« – es war aus Nußholz geschnitzt, mit einem bemalten Betthimmel und einer Fußtruhe versehen – zusammen mit zwei weiteren, etwas einfacheren Betten und zwei großen Schränken. In der »schönen« Stube selbst hatten der Nußbaumtisch mit bemalter Platte sowie der prächtige, schwarz gebeizte Schreibtisch – die bereits erwähnten Möbel – neben Spiegeln, Guéridons (hohe, schmale Ständertische für Kerzen, Vasen und sonstige Einzelstücke, die im späten 17. Jahrhundert modern wurden) und mit Seide bezogene Nußbaumsessel ihren Platz. In Lemps »neuem Haus« standen Betten sowohl im sogenannten »Grässels Stüblein« (die 1701 nach neunzehnjähriger Ehe verstorbene Ehefrau Dorothea Sabina war eine geborene Grässel), nämlich eine hölzerne Bettstatt mit sechs gelben Seidenvorhängen, im Landschaftszimmer, nämlich ein Bänderbett und ein bemaltes Bett, als auch im blauen Zimmer, nämlich ein blau bemaltes Spannbett, und im roten und gelben Zimmer, nämlich ein rot und gelb bemaltes Bett.

Spiegel eines bürgerlichen Hauses und Hausstandes

Auf den zur Straße schmalen, dafür sich meist weit in die Tiefe erstreckenden städtischen Grundstücken erreichten die Fachwerk- und Steinhäuser schon im Mittelalter die stattliche Höhe von zwei und mehr Stockwerken über dem Erdgeschoß und unter dem hohen Giebeldach. Zuunterst waren
17/18 die Arbeits- und Lagerräume des Handwerkers, der Laden des Kaufmanns, die Schreibstube des Handelsherrn gelegen, daneben Vorratsgewölbe für die Handelswaren und die Speisen, die Bier- und Weinfässer, manchmal eine Kannenkammer, eine Kleiderkammer, die Waschkammer und dann die Badestube, dazu meist auch der Stall. Die
28 Küche, mit einer gesonderten Speisekammer daneben, befand sich im ersten Stock, nicht weit von ihr entfernt – in den Puppenhäusern auf der anderen Seite des mittleren
23 Sollers mit Treppe und »heimlich Gemach« – das tägliche Wohnzimmer, der Hauptaufenthaltsraum der Familie, später auch Tafelstube genannt, weil dort am großen Tisch
54 die gemeinsamen Mahlzeiten eingenommen wurden. Der zweite Stock barg die Schlafstube der Eltern, eventuell auch eine Gästekammer und vor allem den Saal, die Prunkstube, den vornehmsten und am reichsten ausgestatteten Raum des Hauses, wo die Gäste empfangen und die Familienfeste gefeiert wurden. Die 1703 in Nürnberg erschienene »Hauß-Halterin«[30] nannte ihn auch die »Prang- oder Audientzstube«. Hier darf der Hinweis nicht versäumt werden, daß die Puppenhäuser in ihrer räumlichen Anordnung und Einrichtung die Häuser von wohlhabenden Bürgern, nicht von schlichten Handwerkern wiedergeben. Nachdem der wohlsituierte Herr als eigenem Raum über eine Schreibstube verfügte, in der er auch seine Bibliothek aufstellte, hatte – wenigstens in späterer Zeit – die Hausfrau von Stand ein Frauenkabinett oder Aufputzzimmer zur persönlichen Verfügung.

Fenster und Vorhänge

23 In den Puppenhäusern meist zwar nur durch Malerei angedeutet, waren die Fenster im 17. Jahrhundert noch durchaus mit kleinen, in Blei gefaßten Butzenscheiben verglast, durch die das Tageslicht doch recht gedämpft eingelassen wurde. Ab und an ließ sich im großen Fenster ein kleineres aus klarem Glas für sich öffnen und ermöglichte auch einen besseren Ausblick. Die Nürnbergerin Magdalena Baumgartner schrieb 1587 an ihren abwesenden Ehemann Balthasar[31], daß ihr der für solch ein »gutzerlein« (gutzen=schauen, gucken) aus (weißem) »Venezianer Glas« geforderte Preis von zwanzig Batzen sehr hoch erscheine, deshalb wolle sie die Entscheidung über den Ankauf nicht vor der Rückkehr des Hausherrn treffen. Sie war sich zudem nicht im klaren, an welcher Stelle man es am besten einsetzen solle; denn in der Mitte des Zimmers würde es – von außen gesehen – nicht im mittleren Fenster sitzen. Gleichfalls nicht gering war der Preis, den Georg Friedrich Behaim 1661 und 1662 in Nürnberg für wenige »hohle« (konkave) Gläser für seine Zwingerfenster (Gartenhaus hinter der Stadtmauer) zahlen mußte[32].

Zum Schutz gegen Kälte und Windzug, aber auch grelles Sonnenlicht waren die Fenster oft von innen mit aufklappbaren Holzläden versehen. Sehr lange hat es gedauert, bis sich in Deutschland Fenstervorhänge einbürgerten. Auf zwei oberrheinischen Darstellungen der Verkündigung an Maria kann allerdings schon um 1420 und 1460 das Fenster oder sogar die ganze Fensterwand durch einen roten bzw. grünen, mit Ringen an einer Eisenstange befestigten Vorhang verdeckt werden[33]. Als vor dem Johannisfest von 1495 der Nürnberger Sebald Schreyer, u. a. Kirchenmeister der Sebalduskirche, seine »vordere Stube« im Haus bei den Predigern neu herrichten ließ[34], war auch die Rede von den Eisen mit den Walzen zu »fürhengen« dort und in der oberen Kammer, damit man diese auf- und zuziehen könnte; es dürfte sich dabei wohl um Fenstervorhänge gehandelt haben. Wenn aber sonst in den Inventaren und Haushaltungsbüchern bis weit in das 17. Jahrhundert hinein von Vorhängen gesprochen wird, sind es meist Bettvorhänge. Zuerst mögen in der Schlafstube Fenstervorhänge regelmäßiger verwendet worden sein. Für wie kostspielig und auch ungewöhnlich man im Nürnberg der ersten

Fig. 4 Hans Bien, Ausschnitt aus seinem Aquarell vom ersten Stock des Nürnberger Deutschherrenhauses, 1625. Nürnberg, Germanisches Nationalmuseum

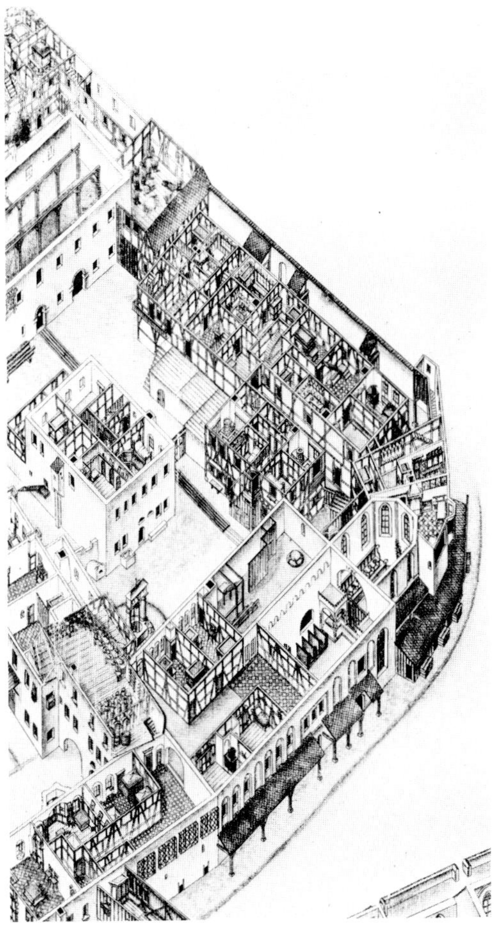

Hälfte des 16. Jahrhunderts Fenstervorhänge erachtete, zeigt der Vermerk des Kaspar Kress von 1525, daß er seiner seit 1522 mit Joachim Haller verheirateten Tochter ein »grün arlassen fürhang mit samt zweien fensterfürhängen auch von grün arlass gemacht und ein schön fürhang für die thüre« zur Ausstattung ihrer Wochenbettstube geliehen habe[35]. Das Inventar des Paulus Lauffenberger von Straßburg nennt 1542 einen blauen »fürzug« vor den Fenstern des oberen Stübleins, das nicht als Schlafstube gedient zu haben scheint, während offenbar die übrigen Räume nicht derart geschützt waren[36]. In Nürnberg erwarb Paulus Behaim 1550 rosa und grünen »schetter« (Leinwand) zu Vorhängen in seiner Schlafkammer[37], dreizehn Jahre später kaufte er grünen »arlass« (Leinenzeug) für den gleichen Zweck[38]. Der Sekretär des Straßburger Bischofs, Michael Schramaeus, hinterließ 1613 drei alte blaue Vorhänge von »engelsitt« (leichter Wollstoff) vor den Stuben- und Erkerfenstern, dazu zwei weiße leinene[39]. Das Inventar der 1619 angeschafften Textilien des Pfalzgrafen Johann Friedrich (1587-1619) vermerkt »fenster fürheng von schwartzen doppeltaffet« und »vorheng zu fenstern von Schwefelgelben Viol Purpurfarben rothen und grünen Maschen« (bunt gestreift und mit rot-grünen Fransen?)[40]. Wenn 1646 Johann Maximilian zum Jungen in Frankfurt am Main dem Jean de Fay vierzig Ellen blau bedrucktes Zeug für Vorhänge bezahlt, ist es allerdings fraglich, wofür diese bestimmt waren[41].

Fußböden und Wände

Daß für die Böden der Wohn- und der
26 Prunkstube gedielte Estriche das übliche waren, führen die Nürnberger Puppenhäuser vor Augen. In den anderen Räumen wa-
34 ren die Böden meist mit schwarz und rot gebrannten Steinen oder weiß und bunt glasierten Fliesen in verschiedenen geometrischen Mustern bedeckt. 1562 ließ Paulus Behaim in Nürnberg zwei größere und eine kleine Kammer mit 1150 schwarzen und roten Pflastersteinen auslegen[42]. Hans Biens Ansicht des Nürnberger Deutschherrenhauses aus dem Jahr 1625 gibt rot und weiß ge-
schachte Steinböden neben Dielenböden zu Fig. 4
erkennen[43]. Von der »Hauß-Halterin« erfahren wir 1703 von mit Ölfarbe angestrichenen Steinfußböden für den Soller oder gar von ganz vornehmen Marmorfußböden[44]. Parkett kam erst im Laufe des 18. Jahrhunderts in Mode.

Von der Täfelung der Wände hören wir 1495 in Nürnberg bei der Neuherrichtung von Sebald Schreyers »Vorderer Stube«[45]. Zuerst wurden die hölzerne Decke und eine Wand, die schon zuvor getäfelt, aber inzwischen wohl geschwärzt waren, abgehobelt, dann die drei anderen, bis dahin unverkleideten Wände bis über die halbe Höhe getäfelt und oberhalb getüncht, dicht unter der Decke grünes Blattwerk – »grün gewechs« – darauf gemalt. In fester Verbindung mit der
Täfelung brachte man ringsum Truhen an, 10
die sich auch als Sitzbänke benutzen ließen, außerdem acht verschließbare kleine Behälter; ein großer unversperrter Kasten konnte zusammen mit einer Truhe davor in ein Faul- oder Lotterbett verwandelt werden. Dieses häufig in das Getäfel fest eingebaute, bis weit in das 17. Jahrhundert hinein beliebte Ruhebett, auf dem man sich tagsüber ausstreckte, ist eine Art Vorläufer unserer Chaiselongues und Couches. Auch die »Hauß-Halterin« erwähnt es noch ausführlich[46]: ...welches hoch aufgebettet und mit einer saubern Decke überdeckt, worauf zu Haupten ein großes ganz dickes und starres Kissen angelehnet ist und entweder weiß bezogen und mit einem schön gestickten Blumenstreifen oder Borten eingefaßt oder aber auf der unteren Seite Leder, auf der oberen mit buntem Gestick gezieret, so allerlei Laub- und Blumenwerk, auch öfters des Hauspatrons Wappen vorstellet; und werden diese Betten gar selten abgeraumet und gebrauchet, sondern dienen mehr zum Schein als zum Nutzen«. Offensichtlich hatten sie 1703 ihre ehemalige Funktion verloren und wurden nur noch zum Prunk als schön ausgestattetes Relikt alter Zeiten beibehalten.

Auf die Wand oberhalb der Vertäfelung ließ Sebald Schreyer 1495[47] dreiunddreißig Brustbilder nach der Antike malen und ein

jedes mit dem zugehörigen Namen und einem lateinischen Vers bezeichnen; in die Holzverkleidung ließ er neunzehn Aufhängehaken einschrauben und zur Befestigung von Leuchterarmen weitere Haken anbringen. Paulus Behaim kaufte 1557 in Nürnberg fünfzehn »gemalte gepapte kopfbilder« (aus Papiermasse geformte und bemalte Köpfe?), »die alten kaiser«[48] – wahrscheinlich Nachbildungen antiker Kaiserköpfe; in der Wohnstube – meist nur kurz »die Stube« genannt – wurden im nächsten Jahr oben ringsherum acht lange Messingleuchter befestigt[49]; schließlich erwarb Behaim 1563 vom Hafner Hector Paumeister dreizehn aus schwarzem Ton bossierte (geformte und gebrannte) »mendle und frayle« (kleine Männer und Frauen), auch Pferde, die er auf die Gesimse stellte[50]. 1561 hat er eine Stube im dritten Stock täfeln, 1562 darüber tünchen, danach zuoberst mit Rosen und ebenso die Deckenbalken ausmalen lassen[51]. Einhundert Jahre später ließ Georg Friedrich Behaim in seinem Gartenhaus am Zwinger die vier Jahreszeiten malen, außerdem die »Römischen Historien« – (Wand)Bilder aus der römischen Geschichte – restaurieren[52]. Das Inventar der Nürnbergerin Katharina Löffelholz von 1622 schätzt ihre »12 alten ersten kaiser, groß in Gips« auf zwölf Gulden[53]. Noch zu Anfang des 18. Jahrhunderts fordert die »Hauß-Halterin«[54]: »Die Gesimse pfleget man gemeiniglich mit Malereien zu belehnen, manchmal Pyramiden, verguldete Kugeln, antikische, von Holz geschnittene oder nur von Gips gegossene Brustbilder, auch wohl von Porzellan gemachte Schalen dazwischen zu stellen und aufzulehnen, wie es nämlich einem jeden beliebt und dessen Zustand und Vermögen leidet.«
32, 35 Derartige Schalen, zwar nicht aus Porzellan, das selbst 1703 in Europa noch gar nicht erfunden war, sondern aus blau bemalter Nürnberger Fayence, stehen im Wechsel mit geschnitzten und bemalten vasenförmigen Zieraten auf den Gesimsen der großen Nürnberger Puppenstube der zweiten Hälfte des 17. Jahrhunderts im Germanischen Nationalmuseum, der einzigen, die mit der Küche darunter kein Haus, sondern einen Nürnberger Puppenschrank ergibt. Weiterhin erläutert die »Hauß-Halterin«[55], daß »hier zu Lande« (in Nürnberg) die »Prang- und Audientzstube« gebräuchlicher ist als die Säle, »die anderswo existieren«. Ein Saal unterscheide sich dadurch, daß die Decke »entweder durch und durch gemalet oder von Stukkatur-Arbeit ganz überzogen oder auch so daß nur die mittlere Füllung, bisweilen auch noch eine oder andere, aus schönen Gemälden, das übrige aber aus schneeweißer solcher Gipsarbeit bestehet«. Da von solch einer Decke nicht wie in der Prunkstube ein Kronleuchter herab- 26
hängen kann, vermitteln Wandleuchter aus Silber oder Messing das Licht. Aber die Saalwände dürfen nicht getäfelt, sondern sollen mit Teppichen oder Stoffbespannungen bekleidet oder – diese imitierend – bemalt sein. Den Fußboden habe man entweder mit Steinplatten oder mit Marmor zu belegen oder »zierlich« mit Farbe anzustreichen. An die Stelle eines Ofens solle ein Kamin treten mit Feuerböcken, Zangen und Schürhaken, diese mit glänzenden Messinggriffen versehen sein.

Ornamental oder mit Rankenwerk bemalte Wände waren ein wohlfeiler Ersatz für Bespannungen mit Teppichen, Seiden- und Samtgeweben, auch mit buntem, geprägtem Leder. Es gab auch Tapeten aus gemusterten Woll- und Halbwollgeweben, aus bedrucktem Leinen, später Kattun und schon seit dem 16. Jahrhundert sogenannte Flocktapeten; bei diesen wurden auf einem groben, entsprechend behandelten Leinengewebe Muster mit buntem Wollstaub – im 18. Jahrhundert sogar ganze Bilder und Szenen – gebildet. Der Siegeszug der Papiertapete begann erst schrittweise im 18. Jahrhundert[56].

Öfen und Heizung

Fenster und Täfelungen, eingebaute Bänke und Truhen (häufig »bankseidel« genannt), ebenso Hänge- und Klapptische an den Wänden gehörten zum niet- und nagelfesten Hausbestand, der meist nicht in den Nachlaßinventaren, die nur die bewegliche Habe verzeichnen, vorkommt. Aus demselben Grunde ist dort selten etwas über die vieler-

Fig. 5 Augsburger Zeichner, um 1726, Wohnzimmer. Nürnberg, Germanisches Nationalmuseum

lei notwendigen Öfen zu finden. Ihre bisweilen mächtigen Aufbauten aus grün-, schwarz- oder buntglasierten Kacheln standen meist auf vier oder mehr eisernen oder irdenen Füßen. Jedes Zimmer besaß einen
26 Ofen, aber nicht die Kammern, die Soller oder Dielen. In den Nürnberger Puppenhäusern sind die Öfen teilweise besonders schön ausgebildet, so daß man sie zugleich
42 als Ofenmodelle ansprechen kann. 1625 besaß das Nürnberger Deutschherrenhaus
Fig. 4 grüne Kachelöfen mit rechteckigem Unter- und rundem Oberbau sowie weiße mit ovalem Unter- und zurückspringendem runden Oberbau, jeweils auf hohen Eisenfüßen; der hohe Kamin der dortigen Organistenwohnung war architektonisch gerahmt[57]. Paulus Behaim hatte in der Kammer einen Kamin, wofür er 1548 Zange und Schaufel sowie zwei Eisenstangen mit Messingkugeln kaufte, um das Holz darauf zu legen; im nächsten Jahr erstand er drei Feuerschirme für den Kamin[58], der demnach die – normalerweise unbeheizte – Kammer erwärmte.

Im 17. Jahrhundert scheint sich ein Ofen durchgesetzt zu haben, dessen Füße einen aus gegossenen Eisenplatten gebildeten Feuerkasten trugen und erst darauf einen zurückspringenden gekachelten Aufsatz[59].
Fig. 5 Solche Öfen finden sich in der Wohnstube und den beiden Arbeitszimmern der 1736 datierten Folge von vierzehn mit der Feder gezeichneten und lavierten Innenansichten eines wohl Augsburger Hauses[60]. Jeder dieser Öfen ist mit einem Geländer aus von der
70 Decke herabhängenden Trockenstangen eingefaßt. Alle übrigen Zimmer, auch die große Schlafstube, besitzen keinen Ofen. Im 18. Jahrhundert kam der im Holzverbrauch rentablere Ganzeisenofen auf, der schließlich das Hafnergewerbe in arge Schwierigkeiten brachte. Bis zum Ende des 18. Jahrhunderts wurden in Deutschland die Häuser fast ausschließlich mit Holz und Holzkohle beheizt.

Die bewegliche Habe

Ein anschauliches und vielfach detailliertes Bild der beweglichen Habe verschaffen die in großer Zahl in den Archiven erhaltenen Inventare, Teilzettel, Verzeichnisse von Aussteuern und einzelne auf uns gekommene Haushaltungsbücher – Aufstellungen der täglichen, wöchentlichen und jährlichen Ausgaben. Durch die mannigfaltigen Bezeichnungen für dieselben Dinge in verschiedenen Gegenden und zu verschiedenen Zeiten, durch die wiederum in den einzelnen Landschaften unterschiedlichen Anwendungen und Gebrauchsformen ergeben sich auch in kulturgeschichtlicher Hinsicht mancherlei höchst interessante Aufschlüsse. Da man damals ohne orthographische Regeln und so, wie man hörte – also mit allen dialektgebundenen Varianten der Bezeichnung und der Buchstabensetzung –, schrieb, bedarf es häufig eines geduldigen Abhörens des zu Entziffernden, bis der Sinn feststeht. Nicht nur daß die einzelnen Dialekte den gleichen Wortstamm umformen (zum Beispiel »truhe« oder »truche« in Franken, »trog« im Elsaß), wieviele verschiedene Bezeichnungen gibt es für die gleichen Dinge. Ein Schrank heißt in Norddeutschland »schap«, in Franken »kalter« oder auch »behalter«, in Bayern »kasten«, am Oberrhein »kensterlin«, sehr häufig ist auch »schank«, von den Namen für Sonderformen ganz zu schweigen.

Das Mittelalter hatte eine feste Vorstellung davon, was ein rechter Haushalt an Hausrat besitzen sollte. Um 1470–80 vereint ein süddeutscher Einblattholzschnitt[61] in vier- Fig. 6
undzwanzig Einzelbildern alles, was an Mitgift notwendig erachtet wird für das in der Mitte sitzende junge Paar: Spannbett, darin ein Hauptkissen, dessen karierter Bezug an den Ecken Quasten aufweist, davor ein Nachttopf; Kannenbord mit zwei Leuchtern für zwei bzw. eine Kerze, drei Kannen, Teller, Deckelbecher, Pilgerflasche; Fässer, zwei mit verschlossenem Spundloch, das dritte mit Hahn, dazu ein Tragkorb mit Broten; Schragentisch mit grünem Nuppenglas und langhalsiger Glasflasche; Waschschrank mit Gießfaß, daneben Rollholz mit Handtuch; zwei Kessel mit beweglicher Handhabe, der eine auf drei Füßen, Deckelgefäß, Kelle, Schaumlöffel; Schüreisen, Kesselhaken, Blasbalg, Feuerknecht, Pfannendreifuß; Besen und Sichel; Kanne, Deckelpokal, Satzbecher, Schüssel; Stall mit Pferd; Har-

nisch, Bein- und Armzeug; Hellebarde, Degen und Schwert; Stiefel und Sporen; Zaumzeug und Heugabel; Säcke; Rechen und Sense; zwei Kannen, die eine aus Holzdauben; eine Stange mit Würsten; ein Korb mit Eiern und eine Gewürzschachtel; Brennholz; Spiegel, Kamm, Schere, Rasierpinsel, Schöpfer; Gemüse und Getreide; Mehlkasten und Vorratsgefäß; Spinnrad und Garnwinde. In dem zugehörigen Vers des mit »hanns paur« bezeichneten Blattes heißt es überdies, daß nur ein Zehntel hat verzeichnet werden können.

Nachdem im späten 15. Jahrhundert der Nürnberger Meistersinger Hans Folz den Haushalt bereits zum Thema eines seiner »Sprüche«[62] gewählt hatte, erschien 1514 bei Grüninger in Straßburg ein köstliches, mit Holzschnitten illustriertes, als Neujahrsglückwunsch gefaßtes Gedicht vom Hausrat[63]. Was für eine Vielfalt sprudelt aus der langen Folge dieser Verse! Allerdings ist etliches zweimal in verschiedenen Zusammenhängen aufgeführt, auch hält keine eigentliche Ordnung das Ganze zusammen, nur Versmaß und Reim bestimmen mehr oder minder die Aneinanderreihung. Wir haben deshalb das, was in dem Gedicht zum eigentlichen Hausrat gehört, in Gruppen gegliedert, das Zusammengehörige zusammengebracht, um auf diese Weise einen Überblick zu schaffen und einen Einblick in den als notwendig erachteten Hausrat.

Da werden an Möbeln aufgezählt: Spannbett mit Schemel, um hineinsteigen zu können, Wiege mit Wiegenbank und Wiegenschnur, Lotterbett, Speiseschrank, Küchenkasten, Schragentisch, Schreibtisch mit Schubladen, Rechenbrett, Buchpult, Wandregal, Bücherbrett, Sessel, Stühle, Schemel, Bank, Schrein, Kiste, Truhe und Lade für die Kleider. »Ein umbgend walholtz (Rollholz) an die Stubentür / Zuer Zwehelen (Handtuch) die gat wider vnnd für / Dar by ein Gießfas mit eym hüpschen henlin (kleiner Hahn) / Ein Messin (Messing) beckin vnnd ouch ein Kenlin (Kännchen) / Do mit man Herren zue Tysch wasser gyt (gibt) / Vnnd ein subere (saubere) Zwehel ouch (auch) dar mit / Vnd dar an gar vil mancher hüpscher Traß (Fransen)«.

Auf Betten, Tische, Stühle und Bänke gehören Strohsack, Bettkissen, Bettlaken, Matratze (hier im Sinne von Steppdecke), Tischtuch und Servietten (»fatzilet«), Stuhlkissen und -decken, Lederkissen und lange Pfühle. Zur Beleuchtung dienen ein Kronleuchter aus einem Hirschgeweih, Messingampel, Laterne, Leuchter (»lyechtstöck«), Wachsstock und Kerzen, ein Lichtschirm, dazu die Lichtputzschere, zum Herstellen der Lichte Stab, Wärmeisen, Mulde und Lichterform; Kompaß, Stundenglas (Sanduhr) und ein astronomisches Meßgerät (»astrolab«) sind ebenso zu Diensten wie das Schreibgerät: Wachstafel, Papier, Feder, Federhalter, Federkiele, Schreibfederbüchse, Griffel, Schreibmesser, Bimsstein, Firnis, Sandbüchse, Lineal und schließlich die Brille mit Futteral. Die Hausfrau fordert Schlüsselschnur, Schere, Nadelbein (zum Aufbewahren der Nähnadeln), Stecknadeltüchlein (in das diese hineingesteckt werden), Heftring (ein Ring, um die Heftlein, die Nadeln zum Befestigen, zu halten), Elle, Bügeleisen, Bürste, Kleiderbürste, dann Garnwinde, Haspel, Klötzlein (Kegel) zum Beschweren der Schnüre beim Schnüredrehen, einen Webrahmen (»gagelramen«), Hanf- und Flachsbreche, Hechel, Spinnrocken, Wirteln, Spindelringe, Spinnrad, Bänder, eine Bürde Besen, Strohwisch und einen Spiegel.

Man braucht Hammer, Zange, Bohrer, Haken, Schrauben, Dreh- und Hobelbank, einen kleinen Amboß, Zirkel und Winkelmaß, eine Waage und einen Wetzstein, Feuerzeug und Feuerstahl, Zunder und Schwefelkerzen, ein Brenneisen zum Zeichnen von Metallgerät.

In Hof, Garten und Weinberg werden verlangt: Spaten, Rechen, Maßschnur, Scher- und Schnitzmesser, Winzermesser, Weinkufe, eine Leiter zum Abladen der Weinfässer, Seil und Zapfen, eine Schwinggerte zum Abreißen der Nüsse im Herbst, dazu Axt und Beil, Keile, Schlegel (Holzgerät zum Eintreiben der Keile), Flegel, Trage (über die Schultern gelegtes Holzgerät, an dem die zu tragenden Lasten aufgehängt wurden), Ruten, Heugabel und Heuschaufel, eine Gabel mit hakenförmiger Spitze, Mistkarre, eine Tonne für Kleie.

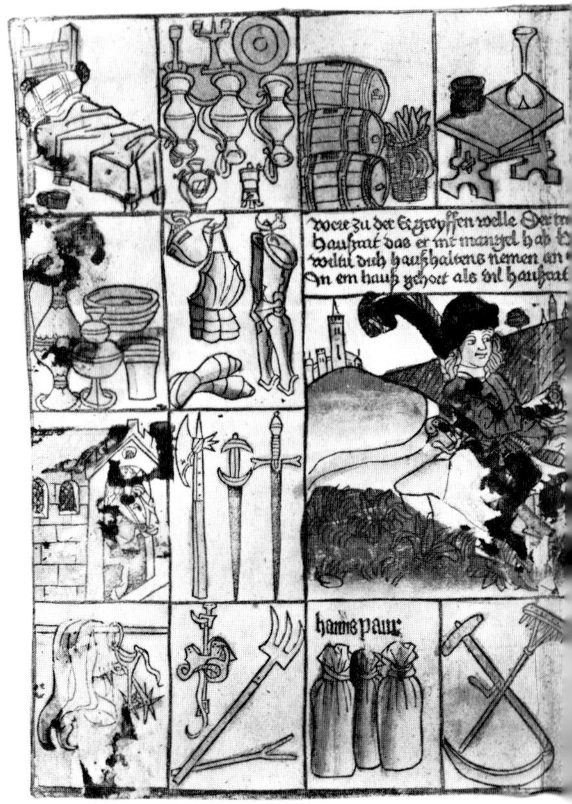

Fig. 6 Hanns Paur, Einblattholzschnitt vom Haushalt, um 1470.
München, Staatliche Graphische Sammlung

Bei der Wäsche verwendet man mit Reifen beschlagene Holzeimer (aus einzelnen Holzstücken = Dauben), Zuber und Bütten, Laugenkrug und Wäscheschlegel (damit wurde die Wäsche geschlagen, um sie sauber zu bekommen). Hinzu kommen Leiter, Wärmstein, Badebütte. Nicht vergessen sind für die Hausapotheke Ohrgriffel, Augenzänglein, Aderlaßhaube, Aderlaßbinde und die Schale (»kachel«) zum Auffangen des Blutes bei dem so häufig angewendeten Aderlaß, der auf dem Aderlaßbrief verzeichnet wurde. Wichtig sind ferner Nachtstuhl und Nachttopf sowie das Harnglas.

Auch braucht man Mäuse- und Rattenfallen, einen Igelbalg zum Schrecken der Hunde, Vogelkäfig und Vogelstange, einen Ledersack (»büttelfas«), einen Korb, auf dem Rücken zu tragen, einen Holzkorb. Zum Ausfahren und Befördern dienen Kutsche, Schlitten und Karren.

Groß ist der Bedarf an vielerlei Dingen für die Küche: ein mit Metall beschlagener Brotkorb, ein Krautkorb, ein geflochtener Korb zum Räuchern von Käse und Fleisch, Blasebalg, Schüreisen, Feuerknecht, Pfannendreifuß, Kesselhaken, Hängeisen, Glutpfanne, Eisenpfannen, tiefe und flache Pfannen etwa für Eier, Pfannenholz und Kesselring, Bratspieß und Bratrost, ein Destillierofen, Fischkessel, Häfen, Topfdeckel, eine Topfbank, Brunnenkessel, Wasserkessel, Wasserstand mit Deckel, Wasserpfanne für den Herd (»bolle« oder »gatze«), Zinn- und Holzteller, Platten, Schüsseln und Krüge aus Zinn, ein Schüsselkorb, verschiedene Gläser, Flaschen, eine Mischkanne, eine grünglasierte irdene Kanne für Öl, eine Kanne aus Ahornholz (»flader«), eine andere aus Buchsholz, Wasserkrug, Essigkrug, Fladennapf. »Vnd bring dir Fürtücher (Küchentücher) grobe vnd rein / Vnd zwen schüsselkorb die synd nit zue clein / Dar inn Schüßelen/Teller vnd ouch Kar (Schüssel oder Napf) / Groß/clein Suppen vnd Brylöffel ein par / Des gleichen ouch die Pfannen zu dem Bry (Brei) / Hefen/Krüg vnd Bumpelfeßlin darby / Darin man Keß vnd ouch den Ancken (Butter) macht / Vnnd ouch das Löffelkorblin nit veracht / Dann darin stekken vil der schöpfer guet / da mit man mancherley Speiß essen tuet.« Zwei Gabeln (nur zwei, denn man aß nicht mit der Gabel, benutzte nur – wie noch einhundert Jahre später etwa in dem »Pommerschen Kunstschrank« und seinem »Meierhof« – zweizinkige zum Vorlegen), Gastmesser, Sieb, Seihtuch, Mörser mit Stampfer, Senf- und Pfeffermühle, ein Stein zum Mahlen von Gewürzen, Gewürzbüchse, Berberitzenfäßchen, zwei große und zwei kleine Hackmesser für Kraut und für Fleisch, Spicknadel, ein Horn, um damit die Würste zu füllen, Schöpfer, Schaumlöffel, Reibeisen, Trichter, Salzfaß, Küchenbrett, Rollholz, Kuchenmodel, Kuchenrädchen, Nußknacker, Topflappen, Schachtelhalm zum Zinnreinigen, aber auch Kannen, Schalen, Becher aus Silber oder vergoldetem Silber. Außerdem werden alle Arten von Musikinstrumenten, von Laute und Harfe bis zu Clavizimbel und Posaune, und zum Spielen Kugeln und Kegel, Würfel, Spielbretter, Schach- und Glücksspiel, sogar eine Fastnachtsmaske (»butzenanlyt«) erwähnt. Ebenfalls dürfen nicht fehlen Weihwasserbecken und Weihwedel, Gebetbuch, Rosenkranz, Bibel, Chronik und das Legendenbuch.

Diese fast nicht enden wollende Menge mag überraschen, doch spricht durchaus kein Wunschbild aus dem Straßburger Gedicht von 1514. Sein Inhalt war nicht etwa bloß oberrheinisch, also regional, bestimmt, sondern hat allgemein und noch für wenigstens drei Jahrhunderte seine Gültigkeit nicht verloren. Weil es eben Stück für Stück so stimmte, verfaßte 1545 der Nürnberger Meistersinger Hans Sachs seinen ähnlichen Spruch »Der ganze Hausrat«. Ein Haushalt, in dem alles – so ist es noch vor gar nicht langer Zeit gewesen – mit der Hände Arbeit selbst geschaffen, gerichtet, ansehnlich und rein gehalten, in dessen Küche alles auf vielfältige Weise aus den Rohprodukten hergestellt wurde, brauchte dazu die unterschiedlichsten Gerätschaften, die wir teilweise nicht einmal mehr dem Namen nach kennen. Man war mehr oder minder Selbstversorger und deshalb in weitestem Maße auf Vorratshaltung angewiesen. Wie realistisch der »Hausrat« von 1514 tatsächlich gewesen ist, bezeugen die zahlreich erhaltenen Verzeichnisse von derartigen Dingen bis zum frühen 19. Jahrhundert, eine Wirklichkeit, die sich gleichermaßen in den großen süddeutschen Puppenhäusern spiegelt.

Das Bett mit seinem Zubehör

In vielen Inventaren stehen nach der Aufzählung der Wertsachen – Schmuck, sogenanntes Schatzgeld, Gegenstände aus Edelmetall, aus vergoldetem oder weißem Silber – an erster Stelle die Betten und ihr Inhalt, getrennt von den übrigen Möbeln. Wenn die Inventare stuben- oder kammerweise vorgehen, beginnen sie in jedem Raum mit dem Bett oder den Betten. Das Bett war das wichtigste Möbel, das auch im bescheidensten Haushalt – des einfachen Handwerkers und des kleinen Bauern – nicht fehlen durfte. Bei dem üblichen Spannbett[64] sind in einem hölzernen Bettgestell zwischen den vier Bettwänden kreuzweise Seile gespannt. Falls diese nicht direkt durch die Seitenbretter hindurchgezogen wurden, waren sie in einem in die Lade eingefügten Holzrahmen befestigt. Neben einfachen Betten aus Nadelholz – z. B. für Mägde und Knechte – baute man solche aus schwerem Eichen- und Nußbaumholz, verzierte sie bisweilen mit reichen Intarsien sogar aus Ebenholz und anderen ausländischen Hölzern oder aus Elfenbein, sie wurden furniert und später marketiert, Profile und Schnitzwerk kamen als weiterer Schmuck hinzu; manche Betten wurden auch bemalt oder ganz mit kostbaren Textilien verkleidet. Vom 15. bis in das 18. Jahrhundert besaßen viele Spannbetten einen flachen oder einen sich zeltartig aufwölbenden Himmel, der gern mit bemalter,
Fig. 7; 67, 69
später auch bedruckter Leinwand oder mit teuren Seidenstoffen bespannt war. In Paulus Lauffenbergers Straßburger Haus standen 1542[65] zwei über vier Säulen gehimmelte Spannbetten in der Magd- bzw. der kleinen Kammer im Erdgeschoß; an den Himmel des letzteren waren drei Bilder gemalt. Der Zusatz »welsch« zu den beiden gleichfalls über vier Säulen gehimmelten Spannbetten in den Kammern des ersten Stocks deutet darauf hin, daß es sich bei ihnen um damals ›moderne‹ Möbel im Stile der italienischen Renaissance handelte; hier war der eine Himmel mit dem Englischen Gruß, der Verkündigung an Maria, geschmückt, während zu dem anderen – blauen wie in der Magdkammer – ein Vorhang gehörte. Wegen der Säulen wurden solche Betten am Oberrhein bald Stangenbettladen genannt. In dieser Gegend war lange noch das bereits im 15. Jahrhundert anzutreffende Staubtuch oder die Staubhülle beliebt, ein unter der Zimmerdecke über dem Bett aufgehängtes Rahmengestell mit Stoffbezug und Tuchbehang, an dem unter Umständen auch die Eisenstangen für die eigentlichen Bettvorhänge befestigt werden konnten. Der Straßburger Domprobst Christoph Ladislaus Graf von Nellenburg besaß 1590[66] über einer alten furnierten Stangenbettlade ein mit der alttestamentlichen Geschichte der Susanna bemaltes Staubtuch. Johann Theobald Rebstock, Amtmann der bischöflichen Pflegschaft Bernstein im elsässischen Benfeld, hinterließ 1596[67] zwei Stangenbettladen mit schwarzem Staubtuch, die eine mit dem Wappen des Straßburger Bischofs Johann am Hauptbrett, dem meist höheren und durch Schmuck hervorgehobenen des Kopfendes, 66
bei einer dritten war auf das Staubtuch das bischöfliche Wappen gemalt; zu zweien von diesen Betten gehörte ein Schaltbett.
Im Nachlaß des wohlhabenden Nürnberger Patriziers Willibald Imhoff fanden sich 1580[68] fünfundzwanzig Spannbetten, einige mit, andere ohne Himmel, etliche waren auch nur mit einem halben Himmel versehen. Um 1585 verfügte jeder der drei Söhne des Augsburger Handelsherrn Hans Fugger und ebenso der mit ihnen zusammen wohnende Wolf Graf von Montfort als Studenten in Padua[69] über eine eiserne Bettstatt mit einem Himmel aus rotem »arlas« und mit Vorhängen aus dem gleichen Leinenzeug. Unter zweien dieser Betten stand eine »schubkarre« für den Diener, ein Bett, das tagsüber unter das höhere des jungen Herrn geschoben wurde. Solch häufig anzutreffendes zweites, niederes Bett hieß Schalt- oder Schubbett, wenn es sich schieben ließ, aber Renner oder Roller, im Westen Cariol, wenn es mit Rollen versehen war.

Fig. 7 Die Kindbetterin. Holzschnitt aus: Elias Porcelius »Curioser Spiegel«. Nürnberg, um 1689.

Hier und da nahm das Bettuntergestell mehrere Schubladen auf, die ebenso praktisch als Behälter waren wie die meist als Truhen ausgebildeten Antritte vor dem Bett, mit deren Hilfe das hohe Bett überhaupt erst bestiegen werden konnte. Im Haus des Wildunger Bürgers Daniel Prasser (um 1575–1656), der dort verschiedentlich Bürgermeister gewesen ist, befanden sich 1612[70] zwei große Spannbetten mit Himmel in der hinteren bzw. der vorderen Kammer, zu dem einen gehörte ein Schubbett, außerdem ein neues Spannbett »mit einer decken« (mit flachem Himmel?), ein kleines Himmelbett mit drei Schubladen in der unteren Stube (in der Wohnstube also!), ein einfaches Spannbett in der Mägdekammer, schließlich ein kleines Kinderspannbett und eine Kinderwiege mit Wiegenbrett.

Je nachdem ob das Bett in einer Ecke oder nur mit dem Kopfende an der Wand stand, war es – von den einfachen abgesehen – auf zwei oder auf drei Seiten von Vorhängen umgeben. Der Nürnberger Balthasar Baumgartner kündete 1594[71] seiner Frau Magdalena einen Seidendamast in Blau und Gelb aus Lucca an mit »einem schönen zierlichen klein plümblein« für ein Bett als Vorhänge, Decke und »traswerck« (der kurze,
Fig. 7 über die Vorhangstange fallende Behang, auch Gefräns, Umhang oder Kranz genannt). Zehn Jahre zuvor hatte Magdalena Baumgartner[72] rechten Kummer gehabt mit einem blauen, ihr zu Vorhängen geschickten Stoff. Nicht nur daß ihr damals die Farbe ganz ungewöhnlich schien: In den Augen der Nürnbergerin war Grün für Vorhänge üblich, während an anderen Orten, z. B. im Elsaß, aber auch in Würzburg oder Mainz, andere Farben ebenso, sogar Schwarz, aber auch in zwei Farben gemusterte häufig verwendet wurden. »Aug das stuck, so du vermeinst, zu virhengen Ist aber . . . gar einer ungewenlichen farb und gar undauglich zu vorhengen, als plob (blau). Wan es nun grien wer . . . Wan du mir halt nor von erst die farb hest geschriben, het ich Dirs wider hinein geschriben, das ist nit diglich (tauglich) wer.« Zudem fürchtete Frau Baumgartner ein baldiges Schleißen, da die Kette des Gewebes nur aus einfachen Seidenfäden bestand und es sich deshalb für Kissenbezüge oder Tischdecken gar nicht eignete. Zu ihrer Freude und Genugtuung konnte sie es aber wieder verkaufen und wünschte sich dann statt dessen grünen Taft, denn den billigeren »arlas« würden die Schaben fressen. Zu einem Bett brauchte sie sechs Längen zu je zwei und dreiviertel Ellen (182 cm).

Im frühen 18. Jahrhundert hatten sich auch in Nürnberg gelbe und andersfarbige Bettvorhänge eingebürgert. 1712 hinterließ Johann Christoph von Lemp[73] neben den grünen Vorhängen vom alten Ehebett weiße mit Falbeln, gelb-blaue, schwarze, rosenfarbene, gelbe; 1668 fanden sich dagegen beim Tode seines Großvaters Andreas Lemp in der Mehrzahl grüne Vorhänge, nur für je ein Bett waren sie in Blau und Grün bzw. in Grau und Blau gestreift. In Nürnberg ist in der Tat dem Grün noch sehr lange der Vorzug bei Vorhängen gegeben worden. Da der gleiche Geschmack und die gleiche Vorliebe über die Farbe der Bett- wie der Fenstervorhänge entschieden, soll stellvertretend aus dem Inventar der Maria Löffelholz geb. Sitzinger von 1637[74] vermerkt werden, daß die meisten darin erwähnten Vorhänge grün oder grün gestreift waren, immerhin drei rote und grüne (gestreifte?) Wollvorhänge aus Arras, ein roter Atlasumhang und ein Vorhang aus blauem Zeug vorkommen. Bei Johann Hieronymus Ölhafen von Schöllenbach gab es 1675[75] halbwollene Vorhänge Grün in Gelb mit gelb-grünen Fransen, so wie es 1622 bei Katharina Löffelholz geb. Welser[76] neben zahlreichen Vorhängen in Grün oder allenfalls grün und gelb gestreiften für ein Bett weiße bestickte gab.

Auf den Bettseilen lag zuunterst der Strohsack, darauf das mit Federn gefüllte Unter- 43
bett; darüber wurde das Leintuch (Bettuch, Laken, Leilach) gespannt. Der Schläfer deckte sich mit dem ebenfalls leinenen Decklaken und dem »kolter« oder »gutter«, auch »matratze« genannt, einer gefütterten Steppdecke, einer Pelzdecke oder dem Federbett zu. Die zahlreichen Pfühle und Kissen (Kopf-, Schulter-, Bauch-, Fußkissen) waren ebenso wie die Federbetten mit Drillich oder Zwilch (grobem Leinen in Köperbindung), Barchent (Baumwollgewebe in

Köperbindung, seltener Baumwollmischgewebe) oder mit »kolsch« bezogen. Letzterer, seit dem späten Mittelalter geschätzt, auch »golsch« oder gar »kölnisch« bezeichnet, war ursprünglich ein blau gestreiftes oder gewürfeltes grobes Leinen, später war darin »auf eine neuere Art Blumen/Laubwerck und allerley Zieraten sehr artig eingewircket«[77]. Er darf keinesfalls mit der guten Kölner Leinwand verwechselt werden. Beim Amtmann Johann Theobald Rebstock im elsässischen Benfeld war 1598[78] das »federwerckh« zum Teil mit Tinte, zum Teil mit eingesticktem Faden in zwei verschiedenen Kreuzformen gekennzeichnet.

Die »Hauß-Halterin« berichtet im einzelnen: »Aller Orten werden die Betten nicht auf einerley Art zugerichtet, sondern an den meinsten Orten nur ein wenig auseinandergetheiltes Stroh unten in das Spannbett eingeleget, mit einer Matratze oder mit Watt, Baum- oder Scheerwolle angefülleten und abgeneheten Decke und diese wieder mit einem Leylachen überdecket, unter den Kopf ein Polster und Haubt-Kissen geleget, und zur Oberdecke wiederum eine Matratze mit einem übergeschlagenen Leylachen aufgebreitet.« Zu Anfang des 18. Jahrhunderts hatte demzufolge an vielen Orten die Matratze den ursprünglichen Strohsack abgelöst, was sich aber, und nicht nur in der sehr konservativen Freien Reichsstadt Nürnberg, erst nach und nach für die besseren Betten durchsetzen sollte, denn wir hören weiter von der »Hauß-Halterin«: »Hier zu Nürnberg aber und an denen meinsten Orten Teutschen Landes wird das Stroh ordentlich und zwar sehr fest zusammengehefftet, in einen oder zween nach der Länge und Breite deß Bettes abgemessene flache und einer Spannen dicke zwilchene oder von blau- und weißen Köllnisch verfertigte Säkke eingefüllet und auf den Boden der Bettstatt geleget, ein oder auch wohl zwey gute wol angefüllte Unter-Betten darauf gebettet, beedes ein Haubt- und Fuß-Polster etwas schreg abgelehnet, alsdann ein Leylachen eingebreitet, und zwar so, daß der Fuß-Polster darunter, der Haubt-Polster aber darauf zu liegen komme, die Kopfkissen schön hoch aufgestellet, und das Deck-Betten, woran noch einige ein übergeschlagenes Leylachen hefften, aufgelegt.«

In der Wäsche sah die Hausfrau ihren besonderen Stolz und stattete deshalb die Aussteuer der Töchter damit vor allem reichlich aus. Die Bettwäsche, von unterschiedlicher Art und Qualität, mußte in größeren Mengen vorhanden sein, weil nur drei- oder höchstens viermal im Jahr gewaschen wurde, wie wir noch sehen werden. Die besten Stücke waren für die Ehe- und die Gastbetten vorgesehen. Willibald Imhoffs Nachlaßinventar führt 1580[79] an Bettzeug u. a. auf: zwei Deckbettbezüge aus baumwollenem Kammertuch (besonders feinem, ursprünglich aus Cambrai) mit Borten, einer aus leinenem Kammertuch, einer aus Baumwolle mit gelöcherten Borten (mit Durchbrucharbeit?), zwei leonische (Leinen aus Lyon), ein St. Galler Drillichbezug, ein gewürfelter (mit eingewebtem Würfelmuster), drei Kissenbezüge mit Goldborten, elf mit durchlöcherten Borten, vier mit gestrickter Arbeit, acht mit schwarzen Borten, acht gewürfelte, dazu gelöchert und geschnürt (die Bezüge wurden nicht wie heute geknöpft, sondern seitlich verschnürt, wofür es in den Puppenhäusern schöne Beispiele gibt), 34 Bauchkissenbezüge, zwei Paar schöne Leilachen mit Borten, zahlreiche weitere einfachere, aber stets paarweise verzeichnete, drei Paar Kinderleilachen und 29 Ehehalten-Leilachen (Ehehalten = Dienstboten). An Leinwand unterschied man solche aus Augsburg, Ulm, Konstanz, St. Gallen, Hessen, Köln, westfälische, schlesische, sächsische, schließlich das besonders geschätzte Lyoner und das niederländische (flandrische) Leinen. Die Textilien mochten in sich oder andersfarbig gemustert, gestreift, gewürfelt, mit Leisten versehen sein. Besonders beliebt waren in sich, ab und an auch in einer anderen Farbe geäugelte, d. h. mit einem eingewebten Rautenmuster – wie mit Augen – versehene. In Weiß, in Rot oder weiteren bunten Farben waren manche Bezüge bestickt – ausgenäht –, andere mit farbigen oder mit Goldborten verziert, schließlich etliche von Spitzenstreifen durchbrochen oder von solchen eingefaßt.

Über das vornehme Bett wurde am Tage

eine Bettdecke (»serge«) oder ein Betteppich gebreitet, oft aus einfarbiger oder gestreifter, roter, grüner oder blauer Seide oder Wolle, häufig bestickt, bisweilen mit einem »schetter« gefüttert. Man verwendete gleichfalls blaue, grüne, rote, meist goldgelb geblümte Seidendamaste oder mit Modeln bedruckte Leinwand. Es gab türkische Samt- oder bedruckte Seidendecken, mit Wolle oder mit Baumwolle gefüttert. Auf den Betten von Schloß Hohenbarr im Besitz des Straßburger Bischofs fanden sich gegen Ende des 16. Jahrhunderts[80] u. a. eine weiße »cathalonische« Decke – in ganz Westeuropa damals geschätzte Wolldecke aus Katalonien –, eine rote »sattlische« (wohl identisch mit »sattinisch« und damit auf Satin = Atlas weisend) mit rotem Tuchfutter, eine schwarze und eine weiße »zottechtige« (mit Zotteln), eine Decke aus schwarzem Schamlot, eine aus schwarzem Arras (beides Wollgewebe), beide mit aschenfarbenem Futter, eine rot und weiß sowie eine grün und gelb geblümte »serg«, eine braun geblümte Atlasdecke, mit aschenfarbenem Barchent gefüttert, ein »gestepfte weise kautter« (weiße, gesteppte Decke), endlich auch schwarze und weiße Roßhaardecken. Wenn die Decken nicht im Zusammenhang mit dem Bett erwähnt werden, läßt sich meist nicht entscheiden, ob sie dafür oder für einen Tisch bestimmt waren. Besonderes Augenmerk scheint auf die Auszier der »lotterbettserg« gerichtet worden zu sein, wofür gern, vor allem im 16. Jahrhundert, auch Wirkteppiche verwendet wurden. Im gehimmelten Bett des 1605 verstorbenen Mainzer Domherrn Wennemar von Bodelschwingh[81], zu dem neben einem Antritt und einem Rollbett auch rot und weiß gestreifte Vorhänge gehörten, fand sich neben dem Unterbett, dem Hauptpfühl und drei Kissen ein alter Teppich, der sicher als Überdecke gedient hat.

In Nürnberg hinterließ 1701 Dorothea Sabina Lemp[82], die Frau des Johann Christoph von Lemp, neben dem Nußbaumzeltbett mit grünem Zeugzelt, Vorhängen und Umhang aus dem gleichen Material sowie grünen gewirkten (geklöppelten) Spitzen, mit Messingschraube und Anhalter in Grün und Weiß (die mit Quasten verzierte Schnur zum Öffnen und Schließen der Vorgehänge sowie ihre Befestigung), das sie 1682 in die Ehe gebracht hatte, ein bemaltes Bett »auf französische Art« mit vergoldeten Knöpfen, mit rotem und weißem Wollenzeug überzogen und mit roten und weißen Federbüschen, 96
dazu sechs Vorhänge sowie ein Umhang in diesen Farben und mit roten und weißen Wollfransen; darin zwei Matratzen in Blau und Weiß (tatsächliche Matratzen, wie wir sie verstehen, anstelle des Strohsacks; »auf französische Art« zeigt nämlich an, daß der Strohsack von der Matratze abgelöst wurde); auf diesen lag ein großes »zwilchnes« Unterbett, ein »dergleichen« Polster, beide mit Damastbezügen in Blau und Weiß, ein großes Kopfpolster aus Barchent, vier Kopfkissen, alles mit rotem Taft verbrämt, ein großes Barchent-Deckbett, zwei kleine unverbrämte Kissen sowie zwei Bezüge aus Flachsleinen. Das nach der neuesten Mode ausgestattete Bett wurde mit 150 Gulden bewertet. Überdies besaß Frau Lemp eine rote, bestickte Bettdecke mit blauem Taftspiegel (Mittelfeld) und roten Taftborten, eine zweite aus grünem Atlas – jede mit dreißig Gulden angesetzt –, eine aus leibfarbenem (fleischfarbenem), besticktem Taft (sieben Gulden), eine mit grün und gelb »gemödeltem« (gemustertem) Spiegel und karmesinroten Borten sowie gelben »Schnürlein« (Fransen) (fünf Gulden).

Tische und Tischdecken

Die »Hauß-Halterin«[83] fordert für das Wohnzimmer wenigstens zwei Tische, nämlich einen Speisetisch, der der Tür gegenüber oder in der Mitte stehen solle, und einen Arbeitstisch zum Nähen, Bügeln und dergleichen Verrichtungen, daneben möglichst auch kleine »hengtische«, an den Wänden ausklappbare. Je nach ihrer Bestimmung konnten die Tische aus Tannen-, Ahorn-, Nußbaum- oder anderem mehr oder minder kostbaren Holz sein. Willibald Imhoff hinterließ 1580[84] fünf »fladerntische« (aus Ahornholz), davon einen mit vielen Fächern, einen, den man rund oder viereckig machen konnte (da vierzehn Stühle dazu gehörten, muß er ziemlich groß gewesen sein), einen Schubladentisch, auf dessen Platte der »thurn« (ein Gesellschaftsspiel) gemalt war, neben Tischen aus Ahorn-, Nußbaum-, Birnbaum- und Föhrenholz, eine »sowohl lange als auch breite« Tafel, zwei »zutuende« (wohl aufklappbare oder ausziehbare) Tische, einen »auftuenden« (mit hochklappbarer Platte), einen Schreibtisch mit fünfzehn Schubladen, schließlich auch einen Kindertisch und zwei mit – wahrscheinlich in Holz eingefaßten – Marmorplatten. In gleicher Weise gab es Tische mit gerahmtem Schieferstein oder Solnhofer Platte, die meist mit geätztem Dekor, mit Inschriften, ja mit Liedern und ihren Noten für alle vier Stimmen, überzogen waren. Bei einfachen Tischen ruhte die schlichte Platte auf dem Gestell aus gekreuzten, nur teilweise miteinander noch verstrebten Beinen. Die meisten Tische im fürstlichen Haus Tenneberg in Sachsen müssen 1637[85] derart beschaffen gewesen sein; in der dortigen Tafelstube war neben zwei langen Tafeln ein Eschentisch mit »gedrehten« Säulen vorhanden, bei dem also die Beine als gedrehte Säulen ausgebildet waren; es werden auch einige »hängtischlein«, zwei Tische mit Schubladen, zwei Eschentische mit »gewundenem« Gestell und einer mit »gewundenem« Kreuz aufgeführt. Die hölzernen Tischplatten waren bisweilen bemalt oder ornamental, wenn nicht gar mit schönen Bildern verschiedenster Art intarsiert. Unter einem Schreibtisch verstand man bis in das 17. Jahrhundert hinein einen Tisch mit großem Schubladenkasten und vielen Fächern zum Aufbewahren der Papiere, Briefschaften und Schreibutensilien. Zum Schreiben und Lesen stellte sowohl der Gelehrte als auch der Kaufherr ein kleines Pult auf den flachen Arbeitstisch. Gern bezog man dann beides mit einem grünen – bisweilen auch braunen – Tuch, daher die Redensart »vom grünen Tisch«.

Um sie direkt als Spielbrett benutzen zu können, war hin und wieder auf der Platte ein Spielfeld – wie z. B. der »Turm« – gemalt oder geschnitzt. Bei Hans Sachs[86] heißt es: ». . . auch nennt man ein Spiel, heißt ihn Turm«. Johannes Römoldt beschreibt es 1564[87] ausführlicher in »ein christlich und nützlich spiel«: ». . . wir wollen spielen ein und dreissig, / Sonst wirds der kleine Thurm genannt, / In aller Welt itzt wol bekant. / Ja recht dis spiel mir auch geliebt, / Nu hebt ab wer die karten giebt. / Mit nicht es mus vor gelt da stan / Ehe dann wir fahen zu spielen an«. Diese Frühform des Pochspiels wurde mit Spielkarten gespielt. Neben dem vorhin genannten gemalten »turm« bei Willibald Imhoff (1580) fand sich ein Tisch mit geschnitztem »turm« in der großen Stube des Würzburger Domherrn Paulus Freiherr von Schwarzenberg im Jahre 1557[88], der Mainzer Domherr Wennemar von Bodelschwingh nannte 1605[89] ein altes Tischtuch mit dem »Turm« sein eigen. Der gleiche geistliche Herr besaß zudem einen alten länglichen »schießkugel«(-Tisch), mit grauem Tuch überzogen, eine Art von Billard und sicherlich das gleiche Spiel wie 1712 in Nürnberg bei Johann Christoph von Lemp[90] die »drock«-Tafel samt Stäben und Kugeln in der Dienerkammer.

Die meisten Tische durften ganz schlicht sein, weil man sie gewöhnlich mit lang herabhängenden Tischteppichen oder Tischdecken bedeckte, die – oft bunt bestickt mit Wappen, Blumen oder »historien« – den Bettdecken sehr ähnlich und – wenn notwendig – auch in Farben und Auszier auf diese abgestimmt waren. Von Willibald Imhoffs (1580)[91] Tischdecken mögen beispielhaft die kostbarsten aufgezählt sein: eine himmelblaue Damastdecke, ringsum mit Samt verbrämt (20 Gulden), eine seidene, in bunten Farben bestickte (24 Gulden), eine wollene, in bunten Seiden mit »biblischen figuren« bestickte (24 Gulden), eine bestickte aus Schillertaft mit Baumwollfutter (16 Gulden), ein großer türkischer Tischteppich (6 Gulden), zwei türkische Teppiche über eine lange Tafel (28 bzw. 10 Gulden); dies dürften türkische Knüpfteppiche gewesen sein, die seit dem frühen 16. Jahrhundert nicht nur bei den reichen Nürnberger Bürgern geschätzt und beliebt waren. In Nürnberg wie im Elsaß dienten aber auch gewirkte Teppiche als Tischdecken. Hieronymus Imhoff hinterließ 1573[92] u. a. einen niederländischen Tischteppich mit seinem und seiner Frau Wappen (8 Gulden), einen zweiten niederländischen von »allerlei farben« (3 Gulden), einen gelb in Rot geblümten Tischteppich (5 Gulden). 1582 nennt der Teilzettel der Sabina Behaim, Tochter des Paulus Behaim und der Magdalena Römer in Nürnberg[93], einen gestreiften Tischteppich aus »arlas« (Leinenzeug) und einen mailändischen Tischteppich, die beide zwar sehr niedrig bewertet werden. Wofür die bedruckte türkische Decke, der türkische Teppich und die spanische Decke, die ihnen in der Aufzählung folgen, bestimmt waren, wird nicht gesagt. Vierzig Jahre später vermerkt 1622 ein Teilzettel für die gleiche Dame nach dem Tode ihres Mannes Wilhelm Kress einen Tischteppich mit Borten und mit eingezogenem Gold für vier Gulden, aber auch eine gelbseidene Decke mit grünen Sternlein (12 Gulden), einen weißen türkischen Teppich mit goldfarbenen Fransen (7 Gulden) sowie einen Teppich mit schwarzen und grünen Rosen (4 Gulden). Bei Maria Löffelholz geb. Sitzinger (gest. 1637) kann man teilweise genau verfolgen, welche Stücke bereits aus ihrer Aussteuer stammen und wie diese im Laufe der Zeit durch den Gebrauch an Wert verlieren[94]. An Decken besaß sie u. a. eine große weiße türkische, eine aus Damast in Weiß und Rot mit grünem Schetterfutter, eine weiße bestickte und eine aus braunem bestickten Taft, eine rotseidene »geschüpte« (in Netzarbeit, also Filetstickerei?), mit grünem Schetter gefüttert, eine aus weißer gestreifter Baumwolle mit weißem Leinenfutter, eine kostbare mit Marderschwänzen, drei persianische Teppiche, einer davon gröber mit »nägelfarbenem« (rosa) Futter, vier türkische Teppiche, einer in Gelb und Rot mit blauen Borten (wahrscheinlich ein sogenannter Lotto-Teppich mit blaugrundiger Bordüre) sowie eine Reihe älterer oder ganz einfacher Stücke, die jeweils nur mit rund einem Gulden angesetzt sind. Von wenigen orientalischen Knüpfteppichen abgesehen, ist leider keine derartige Decke erhalten, so daß man sich nach solchen Angaben kaum eine genauere Vorstellung von deren Aussehen und Beschaffenheit machen kann.

Tischwäsche und sonstige Leinenvorräte

Ebensogroß wie der Vorrat an Bettwäsche war der an Tischleinen, an Tischdecken und Servietten. Man webte Leinen im Hause oder gab das gesponnene Garn dem Weber zur Verarbeitung. Den darüber hinausgehenden Bedarf deckte man beim Tuchkrämer, wohlhabendere Bürger auch auf der Frankfurter Messe. So kaufte der Nürnberger Patrizier Paulus Behaim 1548 in Frankfurt[95] drei und eine halbe Ellen »damaschtwerk« für ein Tischtuch mit dem eingewebten Wappen des Kaisers, dazu fünfzehn Ellen für »fatscheunen« (Servietten), wobei er – wohl wegen der geringeren Breite – für einen Gulden vier Ellen erhielt, während eine Elle zum Tischtuch einen ganzen Gulden kostete. Hier wird es sich um flandrischen Leinendamast gehandelt haben. Daß dieser, der schon vor 1500 in Süddeutschland geschätzt gewesen zu sein scheint[96], auch in der zweiten Hälfte des 16. Jahrhunderts tatsächlich nach hier exportiert wurde, bezeugen bei dem einen oder anderen der wenigen aus altem Familienbesitz erhaltenen Stücke eingestickte Besitzerinitialen, teilweise mit der Jahreszahl. Aller Wahrscheinlichkeit nach hat man damals gleichfalls in Augsburg Leinenbilddamast hergestellt. Ein 120 cm hohes Tuch mit der eingewebten Jahreszahl 1556 aus dem Besitz des Augsburger Patriziers Paul Herwarth und mit den Wappen von ihm und seiner Ehefrau Magdalena geb. Welser (in Tiroler Privatbesitz) dürfte ebenso ein Augsburger Erzeugnis sein wie ein großes Tischtuch mit dem Abendmahl, der Fußwaschung, Kreuzigung und Auferstehung sowie der Jahreszahl 1634 aus dem Besitz des Augsburger Handelshauses Oesterreicher, heute im Germanischen Nationalmuseum. Diese sonst noch nicht weiter bekannte Augsburger Produktion wird aus der dortigen spätmittelalterlichen Leinenweberei mit farbigen Bildstreifen für Hand- und Tischtücher[97] erwachsen sein. Um für das Tuch von 1634 die erforderliche Breite zu erhalten, wurden zwei Bahnen des Damastes zusammengenäht. Ein übliches Verfahren, das noch aufgewertet werden konnte durch eine mittlere gestickte Leiste, gern als genähte Spitze oder in Filetarbeit. Solch ein aus zwei Breiten zusammengesetztes Damasttischtuch, zudem mit »zünglein« (schmaler Spitzenkante) oben und unten, hinterließ 1597 Doktor Andreas Waldner, Waisenhausschaffner (Vorsteher des Waisenhauses) in Straßburg[98]; er besaß außerdem fünfzehn Dutzend Servietten mit Rippen und gefalteten Fischgräten (Fischgrätenmuster zwischen glatten Längsstreifen), ein Dutzend Tischtücher mit Rippen, auch sie mit mittlerer gestickter Leiste und mit »zünglein«, zwei Dutzend Damastservietten, das eine mit Spitzen (breite Spitzenkanten), das andere mit »zünglein«, beide mit ausgestickten »leisten« (das könnten hier Hohlsaumborten längs der Kanten sein), schließlich zwei Dutzend Servietten aus Flachsleinen mit verschiedenen eingewebten Mustern, die als »felderblüet«, »zuckererbsen« und »eichlen« angegeben werden.

Die sechsköpfige Frankfurter Familie Bodeck hatte 1665[99] drei Dutzend Tafeltücher, fünfundzwanzig Dutzend Servietten, zum größten Teil »gebildt«, also mit Damastmuster, in Gebrauch. Das Inventar erwähnt als Muster: das kleine Grasblümlein, den Rosenkranz, das große Rosenmodel, den Lavendel, das gesottene Röschen, das große Blumenmodel, das »gansäugig« und das »buffi«-Model. So anschaulich diese Namen klingen, zu denen sich andernorts der gefüllte Rosenkranz, das Rosenkreuz, das Gerstenkörnlein gesellen, so wenig sind wir aus Mangel an erhaltenem Material in der Lage, uns ein eindeutiges Bild von den einzelnen Modeln zu machen. In Nürnberg scheint lange das leonische (Lyoner) Model beliebt gewesen zu sein, daneben kommt das dreifache, doppelte und einfache Gerstenkorn vor, auch ein niederländisches Model wird genannt.

In dem Nürnberger Haus des wohlhabenden Willibald Imhoff existierten 1580[100] sogar an die achtunddreißig Dutzend Servietten, allerdings der verschiedensten Qualität. Die besten wurden mit einem halben Gulden für das Stück bewertet. Vorhanden waren auch, mit leonischem Model, vierzehn »umleg«, lange, schmale, von den Tischkanten, an denen sie befestigt wurden, in Falten herabhängende Tücher. Wegen der Fältelung werden sie in Nürnberg häufig als »wasserumleg« aufgeführt. Schließlich hat es auch runde Tischtücher, »schibentücher«, gegeben.

Neben der Tischwäsche durften die Handtücher oder Handzwehlen nicht fehlen, von denen die langen, oft mit eingewebten oder eingestickten »leisten« (Borten) und mit unteren Spitzen gezierten seit dem Mittelalter neben dem schmalen Waschschrank, meist über eine Rolle, »walholz«, laufend, aufgehängt waren. In der Küche benutzte man einfachere Tücher, wie sie 1642 Johann Maximilian zum Jungen in Frankfurt/M.[101] aus Hessen bezog, wobei die zwanzig Ellen nur einen Gulden und sechs Kreuzer kosteten. Im Nachlaßinventar des Paulus Hortulanus, Dekan von St. Peter in Straßburg, sind 1573[102] u. a. vier Küchentücher vermerkt. Sogar bei den drei jungen Herren Fugger und dem Grafen Montfort, die um 1585 in Padua studierten, waren, neben zwölf verschiedenen Tafel- und Tischtüchern, 112 Servietten, achtzehn Handtüchern und sechs »umblauf«, auch acht Küchentücher vorhanden[103].

Außer dem zugeschnittenen Leinen, das als Bett-, Tisch-, Haus- und Küchenwäsche und natürlich auch als Leibwäsche in Gebrauch war, verfügte jeder Haushalt, der etwas auf sich hielt und es sich irgendwie leisten konnte, über einen möglichst großen Vorrat an nicht zugeschnittener »Leinwand«. Johann Christoph von Lemp[104] hinterließ 1712 insgesamt 1810 Ellen der unterschiedlichsten Sorten: flächsernes Tuch, »gemödeltes« Tischtuchzeug, auch blau-weiß »gemödeltes«, blau-weiß »cölnisch«, »fatscheinlein-zeug« (für Servietten), weiß »geäugeltes« Zeug, Zwillich, weißen und blau gestreiften, weißen Bettbarchent; hinzu kam holländische Leinwand, geblümte baumwollene Leinwand (Baumwollgewebe in Leinenbindung), Nesseltuch, Schleierleinwand (besonders feine), Ulmer Leinwand, Linzer Leinwand, Damast, flächsernes Leilachtuch, klares (glattes) flächsernes Tuch. – Vergleichend mag auf die Leinenvorräte vom Jahre 1601 in dem vornehmen englischen Landhaus von Hardwick

Fig. 8 Tafelrunde des Nürnberger Patriziers Jobst Tetzel. Malerei von 1593 im Willkommbuch von Kirchsittenbach.
Nürnberg, Germanisches Nationalmuseum

Fig. 9 David Brentel, Dame am Virginal. Malerei im Stammbuch von 1586 des Anton Weihenmayer. Nürnberg, Germanisches Nationalmuseum

Hall/Derbyshire der Elizabeth Talbot, Countess of Shrewsbury, hingewiesen werden[105]. Die weitgehend erhaltene Ausstattung dieses großen Hauses macht es zum imponierenden Dokument eines englischen Herrensitzes zur Zeit von Königin Elisabeth I. Abgesehen von dem dortigen Leinenschatz ist jedoch alles übrige in Hardwick Hall so aufwendig und kostbar in Material und Ausführung, daß der uns interessierende bürgerliche Haushalt damit nicht konfrontiert werden kann. Bei den Leinenvorräten machte aber weniger das Material den Reichtum aus als deren riesige Mengen. Da gab es Leinendamaste, Leinen mit Rautenmuster (»diaper«; bei uns »geäugelt« genannt) und glattes Leinen in vielerlei Längen und Breiten für Tischtücher, Handtücher, Servietten oder zum Bedecken der Anrichten (»cupboard«; in Mitteleuropa Büffet, Kredenz oder Dressoir benannt), daneben Stücke aus feinem Leinen aus Cambrai (Kammertuch), aus Holland, ganz zu schweigen von den reich mit bunter und schwarzer Seide oder mit Gold ausgestickten, in Filet- oder Durchbrucharbeit verzierten Bezügen und Tüchern, meist noch mit Gold- und Silberspitzen sowie ebensolchen Quasten an den Ecken besetzt.

Noch lange war die textile Ausstattung eines Hauses oder Haushaltes wenigstens gleichberechtigt mit der an Möbeln. Da ein Großteil der Textilien, wenn auch nicht täglich, so doch stetig gebraucht und damit verbraucht wurde, bedurfte man einerseits der großen Vorräte, auch an nicht zugeschnittener Ware, und ist anderseits davon so wenig auf uns gekommen, abgesehen von England, wo in den letzten Jahrhunderten keine Kriege das nicht schon vom Gebrauch Zerstörte vernichteten. – Aber in den Nürnberger Puppenhäusern sind noch heute die großen Schränke gefüllt mit zugeschnittenem Leinen, einschließlich schön verzierter Wäschestücke für Mann, Frau und Kind, sowie mit Rollen der verschiedensten ganzen Leinwand, bei der die eingewebte Musterung mit den beliebten Modeln betrachtet werden kann, ohne daß wir jedoch genau wissen, welcher zeitgenössische Name jeweils dazu gehören mag.

Stühle, Schemel, Bänke, Sessel

Zum Tisch zumeist, aber selbstverständlich zum Eßtisch und zur großen Speisetafel, gehörten die Stühle, Schemel, Bänke und schließlich die Sessel. Der Mainzer Domherr Wennemar von Bodelschwingh besaß 1605[106] zu einem runden Tisch zwölf grüne (grün bemalte) »skabellen« (Lehnschemel). So wie auf dem Berliner von Hans Holbein d. J. gemalten Bildnis des in London tätigen, aus Danzig stammenden Kaufmanns Gisze aus dem Jahre 1532[107] im Hintergrund die gesamte Wandvertäfelung einschließlich der daran befestigten Holzleisten und Borde in Grün gehalten ist, wurden bis in das 17. Jahrhundert hinein Sitzmöbel bevorzugt in der geschätzten grünen Farbe angestrichen. Das Willkommbuch von 1593 des Nürnber- Fig. 8
ger Patriziers Jobst Tetzel[108] zeigt ein Zimmer mit Fliesenboden, Wandtäfelung bis in zweidrittel Höhe, auf deren abschließendem Gesims Pokale und Schalen postiert sind und an der die ringsumlaufende Bank befestigt ist, dazu vier Fenster mit Butzenscheiben. Um den runden, weiß gedeckten Tisch mit Holztellern, Messern, Gläsern, Pokalen und einer Fruchtschale in der Mitte ist eine festliche Gesellschaft, auf grünen Schemeln sitzend, versammelt. Auf einem ähnlichen, aber mit Lehne, die wie die Wangen des Gestells schön ausgearbeitet ist, sitzt, am Spinett den basso continuo spielend, Johann Staden auf dem – allein erhaltenen – Deckel des Spinetts aus dem Besitz des Lukas Friedrich Behaim[109]. Im fürstlichen, im Deutschland des Dreißigjährigen Krieges aber doch höchst schlichten Haus Tenneberg in Sachsen standen 1637[110] in der Tafelstube neben den beiden Tafeln und den zwei Tischen neunzehn Lehnbänklein und acht lange Bänke ohne Lehnen, in der gemalten Stube der Herzogin vier grün bemalte Bänke. Wenn das Inventar des Willibald Imhoff 1580[111] von einem dreibeinigen Stuhl mit »glentter« spricht, so war dies einer mit aus Sprossen gebildeter Lehne, eine Variante der am Oberrhein »skabellen« genannten Lehnschemel. Offenbar auf solch einem Stuhl, Fig. 9
mit leicht gerundeter Lehne, musiziert am Virginal eine Dame im von David Brentel

1586 ausgemalten Stammbuch des Lauinger Bürgermeisters Anton Weihenmayer, im Besitz des Germanischen Nationalmu-
Fig. 10 seums[112]. Auf dem »Tischzucht« betitelten Kupferstich des Zürcher Conrad Meyer von 1645[113] sitzen die Großeltern an der Schmalseite des Eßtisches in Armsesseln, deren Rücklehne mit zwei durch Messingknöpfe befestigten breiten Lederbändern bespannt ist; für die Kinder sind beschnitzte Schemel oder Hocker vorgesehen, auf denen ebenso wie auf der mit einer Schublade ausgestatteten Bank unter den Fenstern dicke Kissen liegen. Bei dem gegen 1613 zu datierenden Teppich mit dem Januar, aus der Folge der zwölf Gobelins mit den Monaten für den Münchner Hof nach Entwürfen von Peter Candid[114], läßt sich deutlich erkennen, daß die vier Sessel – mit vierkantigen Beinen, ebensolchen hohen Lehnenpfosten und geschweiften Armlehnen – an Sitz und Lehne mit schwerem roten Seidengewebe bespannt, oben an den Kanten mit einer Fransenborte, beim Sitz jedoch mit Lambrequins, dicken Quasten und Kugeln verbrämt sind und daß auf den nicht gepolsterten Sitzen große Kissen liegen. Erst im frühen 17. Jahrhundert fing man an, die Sitze, später auch die Lehnen zu polstern, anstelle der bis dahin ausschließlich verwendeten losen Kissen. Doch wurden damit noch lange nicht die häufig durch Malerei oder Schnitzwerk aufgewerteten Brett- und
68 Wangenschemel als schlichte Sitzmöbel verdrängt, vielmehr haben sie sich in bäuerlichem Gebrauch bis in das 19. Jahrhundert hinein gehalten.

Seit dem Mittelalter waren die Bank- und Stuhlpfühle mit Baum- und Scherwolle oder mit Stroh gefüllt, häufig an den Ecken mit kleineren oder größeren Quasten oder Bommeln – hin und wieder »eicheln« genannt – verziert. 1613 gehörten dem bischöflichen Sekretär Michael Schramaeus in Straßburg[115] sechs grüne bedruckte Samtkissen (aus dem einfacheren, meist aus Baumwolle gewebten Samt mit eingepreßtem Muster) mit roten Lederböden, eine Kissenplatte mit Kreuzstichstickerei, ein Kissen mit Kreuzstich und »granatopffel« (war darauf ein Granatapfel mit Kreuzstich gestickt, oder hatte der Stoff der Unterseite ein Granatapfelmuster?), drei »kißlein« mit verschiedenen Kissenblättern in »letzenstich« (Schlingstich), ein anderes mit einer Jungfrau mit dem Einhorn in Kreuzstichstickerei, drei verschiedene, mit Flocken gefüllte »bankkißlein« mit Kreuz- und »letzenstich«, ein Kissen mit grün in Gelb gemustertem Seidenbezug und mit Lederboden, schließlich ein kleines, langes mit »letzenstich«. Andreas Waldner, Waisenhausvorsteher in Straßburg, hinterließ 1597[116] insgesamt 24 verschiedene Kissen, bestickt oder in »heidnischwerk«, der oberrheinischen Bezeichnung für Teppichwirkerei, die meisten mit Bildern: der Brunnen des Lebens, das kananäische Weib, die Jungfrau mit dem Einhorn, Joseph, eine Jungfrau mit Wappen, eine Spinnerin, Abraham und Isaak, Blumen, ein Kranz mit Einhorn; drei Kissenblätter waren von »dürkischer Arbeit« (wie türkische Teppiche in bunter Wolle geknüpft?). In dem vornehmen englischen Hardwick Hall läßt sich 1601[117] die Zahl der großen und kleinen, kurzen und langen Kissen kaum zählen.

Durch das Polstern der Sitze und Lehnen 54, 59
nahm im Laufe des 17. Jahrhunderts die Zahl der notwendigen Kissen ab. Immerhin schaffte Georg Friedrich Behaim 1662[118] zwölf »gestraimbte« (gestreifte) Sitzkissen an, sicherlich für einen Satz von einem Dutzend Stühle oder Sessel. Der nicht unvermögende Nürnberger »Handelsmann« Andreas Lemp hinterließ 1668[119] 31 Sitzkissen, dazu siebzehn Überzüge für Kissen und Polster, einige mit Teppichgarn (Wolle) bestickte, schließlich auch noch vierzehn Fensterkissen, die vor allem in der kalten Jahreszeit die Zugluft abhielten.

Schränke aller Art

Nicht vergessen werden dürfen die großen und kleinen, schmalen und breiten, hohen und niedrigen Schränke. Während im Mittelalter die Kleider im Schrank oder in der Truhe flach gelegt wurden, findet sich jedoch bereits 1498 im Inventar des Straßburger Bürgers Heinrich Martin[120], dessen Nachlaß auf Befehl von Kaiser Maximilian

Fig. 10 Conrad Meyer »Tischzucht«. Kupferstich, 1645.

Fig. 11 Augsburger Zeichner, um 1726, Schrankzimmer.
Nürnberg, Germanisches Nationalmuseum

mit Beschlag belegt war, der Hinweis, daß sich im Schrank in der großen Kammer Kleider aufhängen ließen (»ein gewandkensterlin zü hangenden kleydern«). Vor nicht allzu langer Zeit mußte die alte Vorstellung zerstört werden, daß sich der große Kleider- und Wäscheschrank aus zwei aufeinandergestellten Truhen entwickelt habe[121]. Schon im 13. Jahrhundert gab es eingeschossige Schränke, ihre Entwicklung läuft parallel mit der der zweigeschossigen, die eben doch nie die Addition aus zwei Truhen gewesen sind. Wenn die erwähnte Folge lavierter Federzeichnungen sogar noch 1736 in einem
Fig. 11 Augsburger Haus[122] einen großen zweigeschossigen Schrank seitlich mit je zwei mächtigen eisernen Griffen versehen zeigt, handelte es sich nicht um Relikte von Truhen, aus denen sich das Möbel entwickelt hätte, sondern um praktische Handhaben für den Transport. Jeder Schrank war so konstruiert, daß er sich in verschiedene Teile zerlegen und wieder zusammenbauen ließ. Der Schrank der Zeichnung ist so hoch, daß eine Magd nur mit Hilfe eines dreistufigen Tritts die Wäschepacken in das geöffnete obere Fach einschlichten kann. Hinter diesem Schrank steht an derselben Wand ein zweiter, gleichfalls von einem flachen Giebel bekrönter, der aber ebenso eingeschossig zu sein scheint wie ein dritter gegenüber mit geradem oberen Abschluß.

Nach der »Hauß-Halterin«[123] wurden die Kleider im Kleiderschrank an Schrauben aufgehängt, eisernen oder hölzernen, wie sie – oft auch aus Messing – gleichfalls an den Wänden für die Garderobe angebracht sein konnten. Für die schweren Mäntel sollte es am hinteren Brett des Schrankes besondere Mantelhölzer (Vorläufer der Kleiderbügel) geben, über die die Mäntel geschlagen und möglichst noch mit einem reinen Tuch umhüllt vor Staub geschützt wurden. Für die weiten Frauenröcke hatte man »runde, mit Raifen umbundene, oben etwas enge und dann immer zu erweiterte Stöcke, welche man oben (im Schrank) an eine Schraube und also einen oder mehr Röcke über einander herum hänget, auf welche Art sie unverkrippelt ihre Falten auf das schönste behalten«. – 1599 hinterließ Margaretha Röttel, die Frau des Straßburger Buchdruckers Theodorius Rihel[124], einen »mantelhang« (war es ein Ständer für Mäntel?) und zwei hölzerne »schleierkugeln«, Haubenstöcke, wie man sie bis zum frühen 19. Jahrhundert verwendete, aus Holz geschnitzt und bemalt, aus Frankfurter Fayence und schließlich aus Hafnerkeramik.

Hier kann nicht auf die Vielfalt der geräumigen, oft und reich mit Beschlägen, Profilen, geflammten und anderen Leisten, Schnitze- 10, 23, 80
reien, Furnieren, Intarsien, Marketerien, Malereien, ausgeschnittenem aufgelegten Dekor und sonstigen Zieraten, mit glatten, kannelierten oder gedrehten Säulen ausgestatteten Schränken für Kleider und Wäsche, die sich in den einzelnen Gegenden und Ländern erheblich voneinander unterschieden, näher eingegangen werden. Als süddeutsche Beispiele muß auf die in den Nürnberger Puppenhäusern, als niederländische auf die der vornehmen holländischen verwiesen werden.

Bis zum 17. Jahrhundert durfte in Süd-
deutschland nicht der hohe, schmale Wasch- 30
schrank, das elsässische »giesfaskensterlin«, fehlen: mit Wasserblase – bisweilen in Form einer Eichel oder eines Delphins – und mit Handbecken, meist aus Zinn, in der Mitte sowie je einem verschließbaren Kasten für die Waschutensilien oben und unten. In den Nürnberger Puppenhäusern stehen sie selbstverständlich in der Nähe der mit Vorhängen umschlossenen Betten.

In niedrigen und in kleinen, an der Wand aufgehängten Schränken brachte man Briefschaften, Schreibgerät, Gläser und dergleichen unter. Im fürstlichen Haus im sächsischen Tenneberg standen 1637[125] in der Amtsstube ein vergitterter, verschlossener Schrank mit sechs Schubladen, in der alten Amtsstube zwei vergitterte, verschlossene Briefschränke und ein Schrank mit vierzehn verschlossenen Schubladen, wobei man hier wohl an Behälter für die Verwahrung von Akten und Dokumenten denken muß. Hervorgehoben mag werden, daß die Nürnbergerin Maria Löffelholz geb. Sitzinger 1637[126] einen hohen gefirnißten »bücherkalter« mit zwei Türen im Wert von drei Gulden hinterließ.

Der oberrheinische »trisur« (vom französi- 43, 73 schen »dressoir«), die Kredenz, die sich pyramidenförmig aufbaute und mit Decken belegt sein konnte, wie verschiedene Stücke im Münchner Puppenhaus von 1558 geschildert werden, ist der Vorläufer der Anrichte, des Büffets. Der Straßburger Waisenhausvorsteher Andreas Waldner nannte 1597[127] zwei »tresurkensterlin« sein eigen, das eine furniert und mit zwei Schubladen, das andere mit zwei Türen. In letzterem, zu dem wohl das »gebildt« (gemusterte) »tresurtuch« mit Bändern und geknüpften Fransen gehörte, war allerhand »buppenwerk« aufbewahrt; das könnte Spielzeug gewesen sein, doch eher mancherlei kleine Dinge im Sinne von »Nürnberger Tand«. Auf dem Teilzettel von 1622 der Nürnbergerin Sabina Kress geb. Behaim[128], nach dem Tode ihres Mannes, wird als »dockenwerk« spezifiziert: »1 schön Jesus Buben« für drei Gulden, »1 gemeinen Jesulein« mit dem Römerwappen (die Mutter war eine geborene Römer), »1 schreients Kindlein« und »1 Schembart« (Maske für den Nürnberger Schembartlauf). – Eine mit Seide drapierte Kredenz, auf deren Stufen Schalen und andere Gefäße aufgebaut sind und vor der sich ein Diener, mit langer Serviette über der Schulter, Wein in eine flache Schale gießen läßt, steht auf der rechten Seite neben dem Kamin des erwähnten Münchner Teppichs mit dem Monat Januar vom Jahre 1613[129]. – Mehrere Kredenzen in den Nürnberger Puppenhäusern setzen sich zusammen aus einem niedrigen Schrank mit Tür, eventuell noch einer unteren Schublade, und zurückgesetztem, zwei- oder dreistufigem Aufbau, jeweils mit flacher Schublade.

Truhen und Laden

Wie auf die Schränke kann im einzelnen auch nicht auf die Truhen, die Kästen und Laden, aus Holz, mit Eisen beschlagen, oder ganz aus Eisen, oft mit mehreren Schlössern und kunstreichen Zuhaltungen versehen, eingegangen werden. Selbstverständlich fehlen sie in den süddeutschen Puppenhäusern ebensowenig wie die Vorläufer unserer Koffer. Vor seiner Reise nach Osnabrück im April 1646 zu den den Westfälischen Frieden vorbereitenden Verhandlungen ließ sich der Frankfurter Bürgermeister Johann Maximilian zum Jungen[130] zwei Reisekisten aus Holz anfertigen. Der Straßburger Dompropst Christoph Ladislaus Graf von Nellenburg hatte 1590[131] auf einem von seinen zwei »reistrog« (Reisetruhe) sein Wappen angebracht. Er besaß auch zwei »gutschentröglein« für den Reisewagen, nach Maß dafür gemachte Truhen. Im »kellerschopff« des »erwürdigen wolgepornen herren« standen sowohl ein geleiterter Reisewagen, mit einer Plane überdacht und einem aus Weidenruten geflochtenen Wagenkorb, eine mit Leder bezogene »gutsche« samt allem Zubehör einschließlich »deren tröglin« als auch ein Reisewagen mit schwarzen Dekken. Auf Hans Biens Zeichnung vom Erdgeschoß des Nürnberger Deutschherrenhauses (1625)[132] ist in der Remise eine Kutsche mit langer Deichsel und schwarzem Verdeck, die innen grün ausgeschlagen ist, zu erkennen. Johann Christoph von Lemp nannte 1712[133] einen Schlitten mit doppeltem »Geleit« (Geläut?), Federbüschen und anderem Zubehör sein eigen; er wurde auf 75 Gulden eingeschätzt, demgegenüber muß sein Puppenhaus im Wert von 25 Gulden doch recht bescheiden gewesen sein.

Wie in dem ältesten erhaltenen Nürnberger Puppenhaus mit der verborgenen Jahreszahl 1611 schmückten Jagdtrophäen vor allem 6–8 die Gänge und Treppenvorplätze der Häuser. Hirschgeweihe (»hirschgewichte«) wurden gern wie dort auf aus der Wand herausragenden, geschnitzten oder geformten Tierköpfen aufgesetzt. Im fürstlichen Haus Tenneberg in Sachsen befanden sich 1637[134] drei Hirschköpfe in der Amtsstube, 28 auf dem Gang vor der Tafelstube, neun in der Kammer daneben, fünf in der sogenannten Bärenstube und weitere fünf im Saal.

Die Beleuchtung

Aus einem Hirschgeweih oder richtiger aus abgeworfenen Stangen ließ sich auch ein Kronleuchter für die Wohnstube verfertigen. Albrecht Dürer entwarf aus zwei Rentierschaufeln den von Veit Stoß ausgeführten großen vergoldeten Leuchter, den der Patrizier Anton II Tucher in das Nürnberger Rathaus stiftete, heute im Germanischen Nationalmuseum[135]. Der Würzburger Domherr Paulus Freiherr von Schwarzenberg hinterließ 1557[136] in der großen Stube einen Kronleuchter mit sechs Kerzenhaltern aus einem Hirschgeweih mit einer Judith, der alttestamentlichen Heldin, die als Lüsterweibchen sein Familienwappen in Händen hielt.

Wie in den Puppenhäusern, waren viele der von der Mitte der Stubendecke herabhän-
36, 78 genden vielarmigen Leuchter aus Messing gegossen. Zur Beleuchtung dienten zudem
53 aus der Wandvertäfelung herausragende Kerzenarme und Tischleuchter – für ein, zwei, drei oder mehr Kerzen – aus Holz oder Messing, aber auch aus Kupfer, Zinn oder Eisenblech, gelegentlich aus Silber. Da das Messing-, Kupfer-, Zinn- oder Eisengeschirr in den Inventaren meist nur dem Gewicht nach verzeichnet ist, werden auch die Leuchter nicht im einzelnen aufgeführt. Der Nürnberger Paulus Behaim kaufte 1548[137] im August sieben Messingleuchter »auf die tisch zu setzen«, im Dezember nochmals drei »auf 1 tisch«, die unten breite Scheiben (offenbar größere Teller als gewöhnlich) hatten; im gleichen Jahr erwarb er ein Gehörn mit vier Leuchtern für zwei Gulden. Zehn Jahre später ließ er in der Stube ringsum acht lange Messingleuchter »oben mit messen scheuben« (Leuchterarme mit Tropfschalen) anschrauben.

Man unterschied gezogene Wachskerzen und in der Lichtform gegossene Kerzen aus Unschlitt. Nur wohlhabende Leute konnten sich Wachslichte leisten. Anton II Tucher bezog von 1507 an für die Rosenkranzbilder der Nürnberger Frauen- und Dominikanerkirche[138] mehrmals über einhundert weiße Wachskerzen direkt aus Venedig; 110 Stück kamen ihn 1508 einschließlich des Fuhrlohns auf sieben rheinische Gulden zu stehen. Gewöhnlich brannte man aber im Haushalt Unschlitt, Kerzen aus Talg und anderem tierischen Abfall, die entweder im Haus selbst hergestellt oder – unter Umständen bei Lieferung von Rohstoff aus eigener Schlachtung – beim Lichtermacher gekauft wurden. Da in den kalten Wintermonaten vor allem die Landbevölkerung ihren Jahresbedarf schlachtete, war dies die günstigste Zeit, um sich mit Unschlitt bzw. mit Unschlittlichten einzudecken. In dem erwähnten illustrierten deutsch-lateinischen Wörterbuch (2. Auflage Nürnberg 1733)[139] werden zur Beleuchtung vorgeführt: Wachsstock, Wachsstöcklein, Wachskerze, Lichtkerze, Leuchter, Lichtschirm, Docht, Putzschere, Lampe, Lämplein und Röhrlein einer Lampe. Der am Leuchterschaft angebrachte Lichtschirm schützte das Auge vor zu starker Blendung. Mit der Lichtputzschere mußte man den Docht immer wieder zurückschneiden, damit er nicht zu qualmen anfing. Die dort abgebildete Lampe würden wir als Tischleuchter bezeichnen, das Lämplein als niedrige Lichtschale (ohne Fuß), dagegen ist als Leuchter ein Gerät mit hoher Schale unten und oberem Haltereifen wiedergegeben, das für Wachsstöcke Verwendung fand. Bisweilen wurde auch eine Am-
pel oder Laterne gebrannt, hängende Scha- 44
len aus Glas oder Messing mit einem auf Öl schwimmenden Docht in der Art des Ewigen Lichts in der Kirche. Für den Stall, für Speicher und Keller, wo kein offenes Licht gestattet ist, kam nur das Kerzenlicht aus der aufzuhängenden oder in der Hand zu tragenden Laterne (»luzern« am Oberrhein) in Frage.

Käfige und Fallen

Wenigstens seit dem 14. Jahrhundert hielt sich der Bürger neben den nützlichen Haustieren allerlei gezähmtes Viehzeug und
Singvögel in Käfigen. Der Basler Burkhart 21
Münch besaß dafür 1412[140] sieben große und kleine Käfige, der Junker Ludwig Horneck von Hornberg im elsässischen Rufach 1537[141] sogar einen Eichhornkäfig. Besonders beliebt war der bunte Papagei, der – hoch auf der Stange – seit dem hohen Mittelalter das Ziel beim Preisschießen abgab, bis im 17. Jahrhundert der Adler diesen Platz übernahm. Der Frankfurter Bürgermeister Johann Maximilian zum Jungen[142] zog in mehreren Käfigen Kanarienvögel, er hatte auch zwei Nachtigallen. Der »Bockenhei-

mer Wartman« richtete ihm 1643 und 1648 in langer mühseliger Arbeit Blutfinken ab. Natürlich fehlen die Vogelkäfige in den Puppenhäusern nicht.
Ratten- und Mäusefallen aus Holz oder Draht unterstützten die Hauskatzen bei der Vernichtung der bösen Nager. Mit langen Fliegen- und Mückenwedeln – sogar aus Pfauenfedern – ließen sich zudringliche Insekten abwehren. Für Paulus Behaim wurden 1551[143] gleich vier aus Pfauenfedern gemacht. Auf der 1476 datierten Tafel des Münchner Malers Gabriel Mäleßkircher mit Christus im Hause des Simon – im Germanischen Nationalmuseum – hält einer der Diener solch einen langen Pfauenwedel[144]. Die Vorräte schützte man in mit Drahtnetzen bespannten Fliegen- und Mückenschränken.

Die Küche

Fig. 12; 61, 104 Nicht nur in Nürnberg fanden die Hausfrauen großen Gefallen an einer gesonderten sogenannten Prunkküche, in der sie nicht kochten, sondern ausschließlich die blitzenden Vorräte an Zinn-, Messing- und Kupfergeschirr und ebenso an schön dekorierten Fayencen auf den in mehreren Reihen an den Wänden umlaufenden Regalen zur Zierde und Augenweide aufstellten. »Da siehet man nichts von Eisen und Holtz, sondern es muß alles von Zinn und Messing schimmern und gläntzen, auch sogar der Besenstiel und das Kehrichtfaß aus Zinn gemacht sein.«[145]
28 Die eigentliche Küche mußte als Arbeitsraum und wegen des Herdes groß und geräumig sein. Noch lange wurde fast ausschließlich auf offenem Feuer gekocht. Zwar gab es seit der Mitte des 16. Jahrhunderts Herde, bei denen das Feuer unter der eisernen Herdplatte verborgen war und man die Töpfe zum Kochen in deren Öffnungen stellte, die man durch Einsatzringe den jeweiligen Maßen anpaßte. Doch waren offenbar solche Herde in Deutschland damals nicht gebräuchlich. Immerhin hatten auch sie eine beträchtliche Größe. Damit das Feuer kräftig und gleichmäßig brennen konnte, brauchte der breite, gemauerte Herd einen hohen Rauchfang mit gutem Abzug. Dahinein wurden Schinken und Würste zum Räuchern gehängt, während Borde auf der Außenseite des Schlotes, die hier und da ornamental mit Ranken und Blumen bemalt war, Teller, Schüsseln und Kannen aufnahmen. Nie durfte das Feuer ausgehen. Wie im Stubenkamin lagen die langen Holzscheite auf eisernen Feuerbökken (»brandreiten«), damit die Luft auch von unten Zutritt fand. Abends wurde das Feuer mit dem Feuerhaken zusammengescharrt und nachts ein halbkugelförmiger, eiserner Feuerdeckel mit bandartig durchbrochener Wandung darüber gestülpt. Später gab es unten im Herd einen Bratofen, was jedoch vielerorts durchaus nicht üblich war, da man auf offenem Feuer am Spieß briet. Immerhin hatte 1661 Georg Friedrich Behaim[146] Ausgaben beim Schlosser in Höhe von mehr als drei Gulden »wegen des hinteren bratöfeleins«. Töpfe und Kessel hingen beim Kochen an eisernen Kesselhaken, deren verschiedene Haken die Höhe über dem Feuer regulierbar machten. Andernfalls benutzte man das Hängeeisen oder stellte Töpfe auf einem Pfannendreifuß in das Feuer hinein. Der »feuerknecht« hielt die 27
sich drehenden Bratspieße. Diese Bräter (oder Bratenwender) fallen in den Puppenhausküchen wegen ihres uns heute in der Funktion nicht mehr verständlichen Mechanismus besonders auf. Beim Zug- oder Gewichtbräter bewirkten ablaufende Gewichte wie bei einer Uhr, beim Federbräter eine aufziehbare Feder die stetige Bewegung, dank deren sich die daran befestigten Spieße über dem Feuer drehten. Es gab sogar Bräter, die ein im Kreise laufender Hund antrieb (»feuerhund«), wie die »Hauß-Halterin«[147] meldet. Ab und an kam der Brätermacher zum Ausputzen. Für vielerlei Bedürfnisse mußten alle Sorten von Bratspießen bis zu den kleinen Lerchenspießen vorhanden sein. Mitunter brauchte man einen Bratrost, etwa für Bratwürste. Zur kleineren Hitzeentwicklung und zum Warmhalten dienten die Glut- oder Kohlepfannen, Behältnisse aus Eisen oder Ton mit kurzen Füßchen zur Aufnahme von glühenden Holzkohlen in der Art der italienischen »scaldini« oder der norddeutschen »stövchen«.
Da Herde und Öfen nur mit Holz, Trocken-

Fig. 12 Augsburger Zeichner, um 1726, Speise- und Geschirrkammer.
Nürnberg, Germanisches Nationalmuseum

Fig. 13 Jost Amman »Der Kupferschmied«. Aus: Hans Sachs »Eygentliche Beschreibung aller Stände auf Erden«. Nürnberg, 1568.

Fig. 14 Jost Amman »Der Kandelgießer«. Aus: Hans Sachs »Eygentliche Beschreibung aller Stände auf Erden«. Nürnberg, 1568.

öfen, Wärmepfannen usw. mit Holzkohle geheizt wurden, war der Bedarf an solchem Brennmaterial außerordentlich groß. Der Rat der Städte hatte dafür zu sorgen, daß genügend Brennholz zum Verkauf bereit stand, was sich oft nicht oder nur mit Schwierigkeiten erreichen ließ. Für größere Städte mußte das Holz bisweilen von weit her auf dem Land- oder Wasserwege herbeigeschafft werden[148].

Geschirr und Gerät

Von Interesse ist der Nachlaß an Backgeräten des bischöflichen Kochs Severus Korb im Jahre 1608[149]: zwei runde Holzformen mit dem Wappen seines Bischofs (Johann von Straßburg), eine längliche hölzerne und eine kleine runde irdene Form für Eierzucker (Springerle), dazu eine hölzerne Sülzenform, die man gleichfalls für Eierzucker verwenden konnte, acht Marzipaneisen, darunter ein dreieckiges, zwei viereckige, ein herz- und ein kleeblattförmiges, drei Rollhölzer sowie sieben Hippenhölzer für das beliebte oblatenartige Gebäck. Der Frankfurter Patrizier Friedrich Stalburg (1469–1524) besaß 1521[150] vierzig »kuchelstain«, von denen er sich 31 von Hartmann Kistener hatte »graben« lassen. Sie zeigten, teilweise sowohl auf der Vorder- als auch auf der Rückseite, die verschiedensten Darstellungen aus dem Alten und Neuen Testament, der antiken Mythologie, der mittelalterlichen Epik sowie der volkstümlichen Bilderwelt: Adam und Eva, David und Bathseba, Simson und Dalila, die Anbetung des Jesuskindes, die Heiligen Drei Könige, die Ruhe auf der Flucht nach Ägypten, Christi Taufe im Jordan, Passionsszenen, die Marienkrönung, die Heiligen Anna, Christophorus, Maria Magdalena, Sebastian, Margaretha, die »keusche« Lukretia, Pyramus und Thisbe, Venus mit Amor und einem alten Mann, den »Niemand«, Weiber und Narren, Bauer und Bäuerin, »nacket kindlein«, ein Paar im Bett, dazu mancherlei sonstige erotische und andere Scherze und Anspielungen (z. B. bei einer Jungfrau ein alter Mann mit Glatze, den Hornissen stechen, doch ein Narr vertreibt sie ihm; ein Bauer und eine Jungfrau, die einen Sack voller Treue feilhalten). Acht der »staine«, davon vier mit Bildern auf beiden Seiten, werden »altfrentzsch« genannt, also »altfränkisch«, sie waren schon älteren Datums. Verschiedene Stücke dieser bemerkenswerten Sammlung sind erhalten.

Das Geschirr und Gerät aus unedlem Metall wurde zumeist nur nach seinem Gewicht verzeichnet. Im Nachlaß der Maria Löffelholz geb. Sitzinger fanden sich 1637[151] 370 Pfund Zinngeschirr, 820 Pfund Kupfergeschirr sowie 115 Pfund Messinggeschirr. Aber auch Hans Friederich aus dem ländlichen Kraftshof, das der Nürnberger Patrizierfamilie Kress von Kressenstein gehörte, hinterließ 1586 fünfzehn Pfund Zinn- und vierzig Pfund Kupfergeschirr, der dortige Bauer Joachim Pröbster 1650, kurz nach dem Ende des Dreißigjährigen Krieges, allerdings nur sieben Pfund Zinn- und elf Pfund Kupfergeschirr, zwölf Jahre später der Kraftshofer Schmied Hans Bröll dreizehn ein Drittel Pfund Kupfer- und vierzehn Pfund Zinngeschirr[152]. So erscheint es aufschlußreich festzuhalten, was Paulus Behaim in Nürnberg 1548 und 1549 bei Beginn des eigenen Hausstandes – nach dem Tode seiner Mutter und nach der Erbteilung mit den Geschwistern – verzeichnete und neu anschaffte[153]: fünf eiserne Pfannen, fünf Kochtöpfe, zwei Wassergefäße aus Kupfer, Zinnschüsseln von sechzehn Pfund Gewicht, ein Wassergefäß, zwei Teller, eine Schüssel und eine Flasche aus Zinn, außerdem zwei Teller, zwei kleine Zerlegteller, zwei große Schüsseln, acht kleine Schüsseln, zwölf Teller, 36 kleine Teller und einen Gewürzkasten mit vier Fächern, insgesamt achtzig Pfund, aus feinem »englischen« Zinn (im Gegensatz zum Zinn der sogenannten Nürnberger oder Frankfurter Probe ohne Bleizusatz), schließlich übernahm er aus der Erbschaft 126 Pfund Kupfergeschirr sowie 74 Pfund aus geringerem Kupfer zu vierzehn statt zwanzig Kreuzer das Pfund.

Fig. 13, Fig. 14; 34, 65

Aus Antwerpen erwarb Paulus Behaim damals – neben sechs Kissen und zwei gewirkten Teppichen mit grünem Blattwerk für einen Tisch oder ein Bett – 24 irdene (»staine«)

Kannen oder Krüge mit Zinndeckeln und drei kleine »porzelan schussel« (eher ist an europäische, vielleicht spanische Majoliken zu denken als an tatsächliches Porzellan aus China). Für den täglichen Gebrauch dienten zwölf »breite« Holzteller. 1557 schaffte Paulus Behaim weitere fünfzig große Ahornteller an und ließ vom Drechsler einen hölzernen »tellerkorb« machen. 1551 fertigte der »schussler« (Schüsselmacher) für ihn zwei Aufhebschüsseln (Anrichteschüsseln) an, die der Maler mit Behaims und dessen Frau Wappen bemalte. Willibald Imhoff hinterließ 1580[154] zwölf solcher Aufhebschüsseln, davon waren sechs – entweder ornamental oder mit Figuren und Bildern – bemalt, eine war rot, doch vielleicht nur rotgrundig, zwei zeigten das Allianzwappen des Besitzers.

Soweit die Teller nicht auf den Regalen Platz fanden, wurden sie – vor allem die meist gebrauchten einfachen hölzernen – in einer
28, 34 bemalten Tellerbüchse oder einem »tellerfutter« (Futteral) übereinander oder in einem
198 »tellerkorb« in Gefachen nebeneinander, wofür es die höchst anschauliche Bezeichnung »tellerbissen« gab, aus Holz oder aus Draht aufbewahrt. – Auch damals hatten die Eltern manchen Kummer mit dem von den Kindern oder den Dienstboten zerbrochenen irdenen Geschirr. Deshalb gewiß schaffte Balthasar Kaib in Frankfurt 1690[155] für die Kinder vier »lederkoppergen« (lederne Tassen) an.

Als angehender gewissenhafter Hausvater besorgte Paulus Behaim 1549[156] ein »gemal-
Fig. 15; 19 tes hauspret in die küchen daran man teglich das ausgeben schreibt«. Es kostete ihn vier Gulden und 24 Kreuzer, viel Geld, wenn man erfährt, daß er drei Wochen zuvor dem Schreiner für einen Kleiderschrank sechs Gulden gezahlt hatte, allerdings zwei weitere dem Schlosser für Beschläge. Nur wenige solcher Küchen- und Wäschetafeln sind erhalten. Das Germanische Nationalmuseum besitzt mehrere bunt bemalte in Originalgröße, und in den Nürnberger Puppenhäusern finden sich gleichfalls etliche. Sie verzeichnen auch für des Lesens und Schreibens Unkundige in Bildern die Bedürfnisse für die Küche – Gemüse, Fleisch und Brot – oder aber die einzelnen Stücke der großen Wäsche, wobei neben jeder Position Platz zur Eintragung der Zahl und gegebenenfalls wohl auch des Preises gelassen ist.

Die große Wäsche

Die große Wäsche war jedes Mal ein außergewöhnliches Unternehmen, das wie das Großreinemachen das ganze Haus in Unruhe versetzte und den üblichen Tagesablauf umstieß. In vielen Haushalten wurde nur viermal im Jahr gewaschen, manchmal sogar nur zweimal, nämlich im April und September wie in Nürnberg im frühen 16. Jahrhundert bei Anton II Tucher[157]. Genügend Leinenvorräte standen ja zur Verfügung. Die Frau des Paulus Behaim ließ 1566 auf einmal 65 große Tischtücher waschen, 32 kleine, 69 Handtücher, 118 Servietten und 38 Laken kamen noch hinzu[158]. Eine oder mehrere Waschfrauen wurden im Tagelohn bei freier Kost gedingt. Am Tag zuvor war die Wäsche sortiert worden, der gröbste Schmutz mit kaltem Wasser ausgewaschen, dann, ausgewrungen, alles mit Seife und einer Lauge von Eichen- und Buchenasche eingerieben, um über Nacht weiteren Schmutz zu lösen. Am Waschtag wurde die so vorbereitete Wäsche mit heißem Seifenwasser Stück für Stück und Partie für Partie im Waschfaß gerieben, das unten einen Abfluß hatte, um das schmutzige Wasser abzulassen. Das wiederum ausgewrungene Waschzeug kam anschließend in eine Wanne mit heißem Wasser und Kochseife (aus tierischen Abfällen mit Seifenstein gekochte Seife), wobei die Flüssigkeit überstehen sollte. Es wurde dann nochmals durchgerieben, anschließend im Waschkessel gekocht, schließlich gut durchgespült, teilweise ein wenig gestärkt und aufgehängt. Die ge-
trockneten großen und kleinen Tücher wur- Fig. 16; 91
den ausgezogen, nach dem Faden gelegt oder auf dem Tisch gerade gezogen, zusammengelegt und gerollt. Die bunte Wäsche weichte man selbstverständlich weder über Nacht ein noch ließ man sie länger im Wasser liegen, sie wurde auch nicht mit Lauge behandelt und nicht gekocht. Ob-

Fig. 15 Hausfrau und Magd. Kupferstich aus: Johann Alexander Böner »Des hl. Röm. Reichs Stadt Zierdte«. Nürnberg, 1702.

Fig. 16 Wäscherei. Lithographie aus einem Nürnberger Spielzeugkatalog, 2. Viertel 19. Jahrhundert.

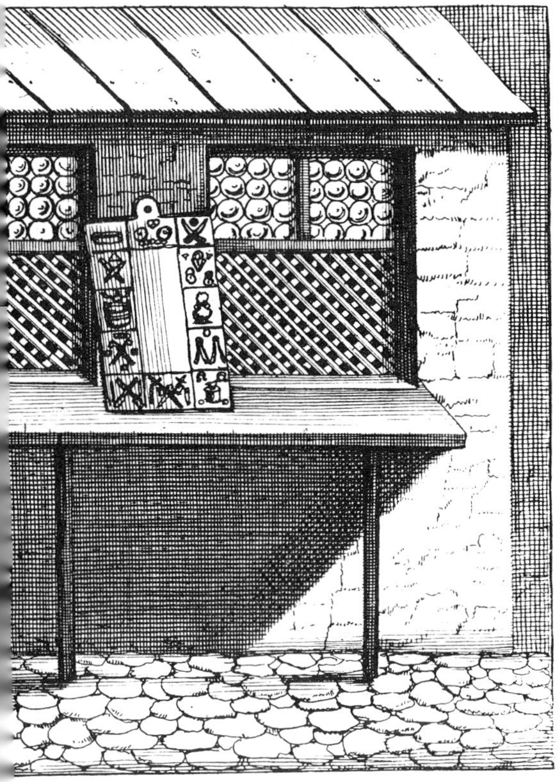

wohl sich die Seife immer mehr durchsetzte, wusch man noch viel und oft ausschließlich mit Aschenlauge. Bei dem sogenannten »beuchen« (»büchen«) sparte man viel Seife, mußte die Wäsche auch nicht reiben, doch war mehr Brennholz vonnöten. Bei dieser Methode wurde eine hohe Waschbütte mit unterer Ablaufvorrichtung erhöht über eine zweite gestellt, zuunterst ein großes Tuch hineingelegt und darauf die schmutzige Wäsche geschichtet. Über Nacht wurde mit klarem Wasser eingeweicht, dieses morgens abgelassen und ein grobes »aschentuch« über die Wäsche gebreitet. Darauf streute man Holzasche und übergoß sie mit kochendem Wasser. Die sich auf diese Weise bildende Lauge floß durch das Tuch und wirkte auf die Wäsche ein. Nach einer Weile ließ man die Lauge ablaufen und goß sie von neuem auf das Aschentuch. Die Prozedur, zu der die heiße Lauge öfters erneuert werden mußte, wiederholte man mehrmals und wusch unter Umständen dann noch mit Seife durch[159]. Für das Trocknen auf Seilen waren Wäscheklammern aus Holz ebenso bekannt wie zum Mangeln Wäschepressen oder Wäscherollen, schließlich das Bügeleisen mit eisernem Bolzen zum Glätten der feinen Leibwäsche. Bei Willibald Imhoff fanden sich 1580[160] in der Waschküche: 2
18 »multern« (Bütten), 1 »waschbock« (Gestell) mit »multer«, 3 »scheffer« (Bottiche) und 2 »schefflein«, 2 »waschkufen«, 1 kleiner Waschzuber, 1 Holzkübel, 1 großer Laugenkübel, Wäschekörbe und Wäschetische, zudem hatte er zwei Pressen für die Leinenwäsche.

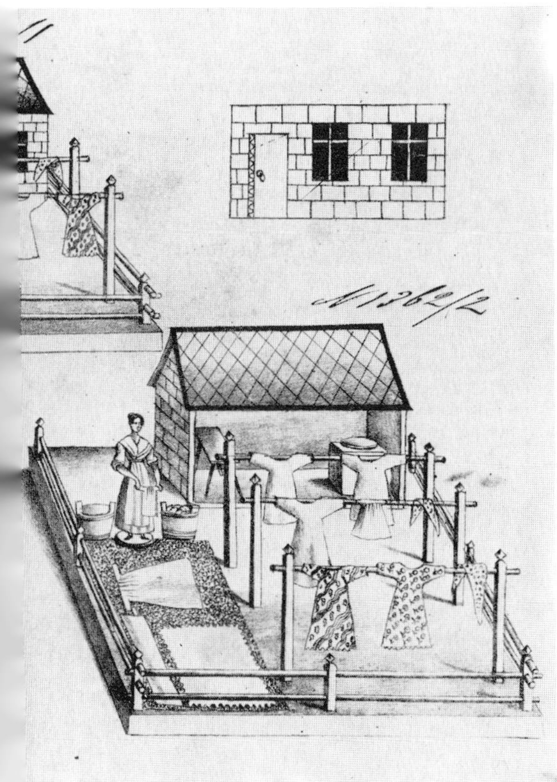

Badestube und »heimlich gemach«

Im Zusammenhang mit den Einrichtungen für die große Wäsche muß auch die Badestube genannt werden, die in den besseren Bürgerhäusern nicht fehlen sollte. Im Pup-
3 penhaus von 1611 weist ja auf der rechten Tür des Kellergeschosses die Malerei mit der Magd und dem bereits entkleideten Kind darauf hin, daß die Badestube nicht weit sein kann. Der große kupferne Badekessel, in dem das Wasser erhitzt wurde, war wie in der Waschküche meist in den gemauerten Ofen fest »eingekleibt«. Ein Wildunger Inventar von 1612[161] erwähnt einen Badekessel von sechs Eimern Inhalt auf dem Ofen. Ein zweiter doppelt so großer stand auf einem Eisenständer auf dem Boden. Mit großen Schöpfern wurde das Wasser in die Badebütte gefüllt. Das zu Anfang erwähnte Straßburger Gedicht vom Hausrat (1514)[162] nennt eine Strohhütte, mit der die Badebütte bedeckt wird, während verschiedene Kräuter im heißen Wasser das purgierende Schwitzen anregen. Hernach konnte man sich auf rings um die Badestube umlaufenden Bänken ausruhen. Die Wände sollten mit Holz verkleidet sein, damit man nicht etwa, vom Bade erhitzt, sich beim Anlehnen an kalte Steinmauern erkälte[163].

Das »heimlich gemach« oder »secret«, der dunkle verschwiegene Ort, gern im Winkel unter dem Treppenlauf untergebracht und 6, 23
in den frühen Puppenhäusern nicht vergessen, darf auch von uns nicht übergangen werden. In größeren Zeitabständen, wohl nicht öfter als einmal im Jahr, wurde es »gekehrt«. Die dafür in der Dunkelheit bestellten »nachtmeister« hießen in Nürnberg die »pappenheimer«. Unter den Betten, bereits im Münchner Puppenhaus von 1558, standen die zinnernen »kammerscherben«, »bruntzkacheln« oder »kammermadulen«, ferner wurde der »occasions«-, »gemach«-, 31
»prophey«- oder »sprachstuhl« benutzt.

Das Gesinde

»Ohne Gesind kann eine jede Hauß-Mutter nicht bleiben, in höhern Ständen schickt sichs nicht, daß die Frau alle der Mägde Arbeit verrichte, zu geschweigen, daß dieselbe so groß und unterschiedlich, daß auch ein und ander Ehehalt dieselbe nicht bestreiten kann; und in geringern ist das Haußhalten offt ja so weitläufig als in höhern, daher sie dann sich um eine oder mehr Mägde billig um zu thun haben«, heißt es 1703 bei der »Hauß-Halterin«[164]. In den wohlhabenderen Haushalten gab es in der Regel mindestens drei Mägde, eine Hausmagd zur Sau- Fig. 15, Fig. 17
berhaltung der Stuben und zur Pflege der Wäsche, eine Köchin, möglichst noch mit einer Untermagd, und eine Kindsmagd.

Vielerlei Mißstände und der Mangel an gutem Gesinde oder »ehehalten«, wie sie in Nürnberg hießen, machten den Hausfrauen oft zu schaffen. Drei Polizeiverordnungen von 1530, 1548 und 1577 nahmen sich des Gesindewesens an. Um das eigenwillige Davonlaufen zu verhindern, wurde das Abschiedszeugnis als Ausweis bei einem neuen Dienstantritt zur Bedingung gemacht. Den Reichsständen wurde nahegelegt, Gesindeordnungen zu erlassen. In Nürnberg erschien 1628 eine solche Ordnung im Druck. Hier war schon ein Jahrhundert zuvor vom Rat das Zubringerwesen geregelt worden: Mehrere ältere Frauen vermittelten die Dienstboten. Feste Taxen galten den Löhnen des Hausgesindes. Nach den Frankfurter Ordnungen von 1623 und 1654 erhielt eine Köchin im Jahr neun bis zehn Gulden, eine Haus- und Stubenmagd sechs bis sieben, ein »kindsmägdlein« vier bis fünf[165]. Wenn auch Unterbringung und Verpflegung hinzukamen, hier und da Kleidungsstücke gestellt wurden, so erscheint solch eine Bezahlung in unseren Augen außerordentlich niedrig. Zum Vergleich nur einige auf heutige Maßstäbe übertragbare Beispiele: Lukas Friedrich Behaim zahlte 1622[166] für zwei Kanarienvögel zwei Gulden, sein Sohn Georg Friedrich 1658[167] für 36 Ellen »linzertuch« für Hemden (23,80 Meter Wäscheleinen) sieben Gulden, 1662 für viereinhalb Ellen (ca. drei Meter) schwarzes (Woll-) Tuch fünfzehn Gulden und vierzig Kreuzer. Ein »magdmantel« kostete ihn übrigens 1666 drei Gulden und dreißig Kreuzer, im Dezember des gleichen Jahres eine »haarhaube« für die Magd 52 Kreuzer. Christoph Kress besorgte 1663[168] drei Stück »wurschat« (Mischgewebe aus Wolle und Seide) »die Mägdt zu kleyden« für sechzehn Gulden und dreißig Kreuzer, Barchent zu vier Gulden und fünfzehn Kreuzer »den gärtner zu kleyden«, ferner zahlte er vier Gulden und fünfzig Kreuzer, um den Fischer in Kraftshof zu »kleyden«, sowie sieben Gulden und zehn Kreuzer »denen Mägden für hauben«.

Für die Dienstboten gab es immerhin häufige Trinkgelder und mancherlei Geldgeschenke, die zum Teil, wie etwa die Neujahrs- – und in Frankfurt – die Meßgeschenke, im Dienstvertrag schriftlich festgelegt waren. Georg Friedrich Behaim gab 1661 seiner Magd als »kindleinsbescher« zu Weihnachten vier Gulden. Sie bekam einen Vierteljahreslohn von zwei Gulden und dreißig Kreuzern, also zehn Gulden im Jahr. Mit Hilfe der Trinkgelder bei Botengängen mag sie ihren Verdienst insgesamt auf das Eineinhalbfache des Lohnes haben aufbessern können. Allerdings wünschte sich (konnte sich wünschen?) eine Magd des 17. Jahrhunderts wenig genug an Anschaffungen und einfachen Vergnügungen. Viele ließen ihren Lohn über Jahre bei der Dienstherrschaft auf Zinsen stehen, ein Zeichen dafür, daß sie dieses Geld für laufende Ausgaben nicht benötigten.

Vielerorts gab es ein dauerndes Kommen und Gehen bei den Dienstboten. Die Hausfrauen hatten ihre Plage, wenn sie langsam und träge, aufsässig und frech, schmutzig und nachlässig waren. Hans Sachsens Schwänke vom diebischen und faulen Gesinde, Peter Gassers »Gesindeteufel« von 1566, Abraham a Santa Claras (1644–1709) Predigten, einige Flugblätter und in Briefen und Haushaltungsbüchern erhaltene Nachrichten wissen davon ein Lied zu singen. Gewiß fehlten nicht die treuen, zuverlässigen und ehrlichen »ehehalten«. Da aber ihre Tugenden trotz allem als selbstverständlich galten, ist stets nur von den anderen die Rede. Im ganzen mögen die Dienstboten nicht schlechter gewesen sein, als man es von ihnen erwartete.

Groß war die Zahl der Personen, die ein wohlsituierter Hausvater regelmäßig zum neuen Jahr mit Geldgeschenken zu bedenken hatte. Georg Friedrich Behaim gab 1662[169] dem Prediger in der Frauenkirche drei Gulden, jeweils mehr als einen Gulden dem Beichtvater (in der protestantischen Kirche wurde die Privatbeichte erst im 18. Jahrhundert unter dem Einfluß der Aufklärung abgeschafft), Herrn W. I. Müller und den beiden Mägden von Tobias Tucher, dem Vater seiner ersten Frau. Gleichzeitig erhielten wohl abgestuft kleinere Münzen die Türmer der Sebalduskirche, vom Neu-, Thiergärtner- und Vestnertor, der Hausknecht auf

Fig. 17 Augsburger Zeichner, um 1726, Mägdekammer. Nürnberg, Germanisches Nationalmuseum

Fig. 18 *Titelblatt von »Die so kluge als künstliche . . . Hauß-Halterin«. Nürnberg, 1703.*

dem Rathaus, der Kanzleibote, die Aufwärter in der Ratsstube und in der Rathauskanzlei, die Meßner der Prediger-, Sebaldus-, Lorenz- und Augustinerkirche, die Barbiergesellen, die Schlotfeger, der Kramersjunge, der Bierbrauerknecht, die Marstallknechte.

Der häusliche Alltag

Wie verlief nun der bürgerliche Alltag vor vierhundert oder dreihundert Jahren? Um das Tageslicht soweit wie möglich zu nutzen – was allzu verständlich ist bei der für unsere Sehgewohnheiten mehr als düsteren Beleuchtung nur mit Kerzen und kleinen Öllampen –, wurde in allen Bevölkerungsschichten sehr früh aufgestanden. Um vier oder um fünf Uhr, im dunklen Winter bisweilen erst um sechs verließ man das Bett. Nach dem Anziehen hielten die Katholiken wie die Protestanten die Morgenandacht. Der protestantische Herzog Ernst der Fromme von Sachsen-Gotha (1601–75)[170] ließ seine Kinder das ganze Jahr hindurch sich um sechs Uhr erheben, nur die kleinsten durften eine Stunde länger schlafen. Nach dem Gebet sollten sie sich waschen und die Zähne putzen. Übrigens gab es zum Zähneputzen seit dem 16. Jahrhundert Zahnpulver. Jeder der uns schon bekannten vier deutschen Studenten in Padua um 1585 – die drei Herren Fugger und Wolf Graf Montfort[171] – besaß dafür ein silbernes Büchslein, einer zudem einen Zahnschaber. Nach Waschen, Anziehen und Gebet wurde die Morgensuppe gegessen, unter Umständen auch Brot, Eier und Fleisch oder Fisch dazu. Die Handwerker begannen spätestens um sechs Uhr mit ihrer Arbeit. Das Mittagessen lag dementsprechend bereits zwischen elf und zwölf Uhr, um zwölf war es auf jeden Fall beendet. Das warme Abendessen wurde zwischen fünf und sechs Uhr aufgetragen. Nach dem Rat des Tiroler Arztes Hippolytus Guarinonius (1571–1654)[172] sollte man sich um acht Uhr, spätestens um neun Uhr zu Bett legen, um lange schlafen zu können.

Zwischen sechs Uhr in der Früh und acht Uhr am Abend vollzog sich nun all das, was das Leben einer Hausfrau, einer Hausmutter, wie sie so gern damals genannt wurde, in dem engen Rahmen der Zeit ausfüllte. Sie lebte im Haus und nur für das Haus, es war ihr in sich fest beschlossener Bereich, seine täglichen Aufgaben waren ihr Lebensinhalt. Die Sorge für die eigene Familie und für alle, die als Mägde und Knechte dazu gehörten, die Anteilnahme an den persönlichen Freuden und Leiden der Verwandten und Freunde mit Kindbettbesuchen, Kindstaufen, Geburtstagen, Hochzeiten und Leichenbegängnissen, das Gebären und Aufziehen der meist zahlreichen eigenen Kinder, die Sorge für Ordnung und Reinlichkeit in Haus, Küche, Hof und Garten, die Pflege, Erhaltung und Vermehrung des Hausrates, die umsichtige und bedachte Führung des Haushaltes.

Die Hausmutter soll ihre Töchter »in den Hauß- und Kuchen-Verrichtungen wol anweisen, damit sie beedes gemeine alle Tage üblich und delicate besondere, Speisen zu richten, mit allerley Back- und Zucker-Werck umzugehen, Gastereyen zu bestellen, die Tafel und Tresour dabey schicklich anzuordnen, ja was in einer Hauß-Haltung immer vorkommen mag . . . zu verwalten und anzugeben wissen . . . doch ist dasjenige, was zur allgemeinen Hauß-Haltung dienet, vor allem höchst nöthig, und stehet es sehr übel, wann die Frau die Magd nach Gefallen hausen lassen muß, oder so sie selbige corrigiren oder tadeln will, solches selbst nicht besser machen oder wo der Fehler sey anzeigen kan.«[173] So argumentiert 1703 die »Hauß-Halterin«. Die zukünftige Hausfrau mußte eben zuerst im eigentlichen Haushalt unterwiesen werden. Alles von diesem, seinen Aufgaben, alles, was mit dem Haus als solchem, mit jedem einzelnen Möbelstück oder Gerät, mit der Wäsche, dem Geschirr, ihrer richtigen Einteilung und Anwendung zusammenhing, sollten die Puppenhäuser gewissermaßen als Augenmerk vorführen. Das umfaßte die rechtzeitige und wohl bedachte Anschaffung, die reinliche Instandhaltung und regelmäßige Überholung, die richtige Zubereitung, Aufbewahrung und Verwertung der Vorräte für Küche und Haus, den Umgang mit Feuer und Licht. Die Töchter mußten lernen, Leinen und Sei-

Fig. 18
Fig. 19

de, Baumwolle und Wolle richtig zu handhaben, sie mußten in der Kinder-, Kranken- und Wochenbettpflege Erfahrungen sammeln, aber auch die Pflege des eigenen Körpers durfte nicht vernachlässigt werden. Hinzu kamen die Wartung und Pflege des Gartens, der Blumen und Pflanzen, der Obstbäume, wozu sie sich auch in der landläufigen Wetterkunde auskennen sollten. Schließlich forderten die Tiere des Hauses ebenso sorgfältige Pflege.

Die wirtschaftlichen Verhältnisse waren gegenüber den jetzigen vollkommen anders. Obwohl sie hier und da die gleichen geblieben sind bis wenigstens in die erste Hälfte unseres Jahrhunderts hinein, fällt es außerordentlich schwer, sich eine konkrete Vorstellung davon zu machen. Ein Leben von der Hand in den Mund, ein Einkaufen nur von heute auf morgen, war ausgeschlossen und gar nicht möglich. Die Lebensmittel wurden üblicherweise in großen Mengen beschafft und in Keller und Vorratskammer aufbewahrt. Gemüse und Früchte kamen vom Markt, wenn sie nicht im eigenen Garten geerntet wurden oder ab und an einmal südländische von auswärts den Tisch bereicherten. Geflügel, unter Umständen ebenso Schweine, Rinder und Hammel schlachtete man selbst oder kaufte das Fleisch beim Metzger meist in großen Portionen ein. Dann wurden daheim Würste gemacht, man dörrte, pökelte, kandierte, kochte ein, konservierte in Essig, Salz und Beize. Falls man nicht auch selbst butterte, wurde von vielen die Butter nur in gehörigen Abständen, dann aber in erheblichen Mengen bezogen, wobei man sich meist mit Salz oder Salzwasser ohne die Möglichkeit ausgesprochener Kühlung behelfen mußte. Zwar waren die Keller gewöhnlich kühl, und mancher mochte sich mit im Winter eingebrachtem Eis aus zugedeckten Gruben und Eiskellern auch in der warmen Jahreszeit zur kühlenden Konservierung versehen.

Wenn nicht selbst Brot gebacken wurde, lieferte der Bäcker dies tägliche Grundnahrungsmittel. Genügend Arbeit gab es überdies mit hausgemachtem Bier und Met, mit selbst angesetzten Frucht-, Kräuter- und Gewürzweinen, mit der Bereitung von Säften, Essig, Destillaten. Das Lichterziehen haben wir schon erwähnt, oft wurde auch die Seife im Hause gekocht oder zumindest gekaufte Seife durch allerlei Tinkturen und Wohlgerüche veredelt, sogar wohlriechende, parfümierte Handschuhe verstand man aus Ambra, Zibet, Bisam und Rosen- oder Pomeranzenwasser zu verfertigen[174].

Für vielerlei Reparaturen und Überholungen wurden Handwerker ins Haus gerufen. Der Brätermacher mußte nicht nur die Bräter ausputzen, sondern auch hin und wieder
deren Federn ersetzen. Vom Büttner ließ 198
man Zuber und Bütten neu einbinden. Der Dachdecker kam, um das Dach zu »übersteigen« und Löcher dicht zu machen. Die Dachrinnen, die Traufen und Hausbrunnen (fließendes Wasser gab es ja nicht) wurden gereinigt, die Kamine, Öfen, Schornsteine gekehrt. Entsprechend der damaligen volkswirtschaftlichen Struktur wurde viel mehr vom Handwerker direkt als aus dem Laden bezogen. Vom Schreiner, der die Möbel auf Bestellung machte, vom Schlosser die Schlüssel und Beschläge dazu, vom Taschner Lederbezüge für Stühle und Sessel, vom Sporer, Schmied und Goldschmied, vom Formschneider, der die hölzernen Model für Marzipan und Gebäck schnitt, vom Dreher, Sattler und Schleifer. Den Schuster darf man nicht vergessen, der sowohl Sohlen aufsetzte als auch neue Schuhe machte. Die Hilfe der Handwerker wurde ebenso in Anspruch genommen beim Bleichen und Färben, beim Weben und Wirken, soweit man dies nicht selbst im Hause betrieb. Häufig zahlte man die Rechnungen der Handwerker, die regelmäßig tätig waren, erst am Jahresende.

Für die Reinigung und Pflege des Hausrates und der Kleider, für Kranken-, Körper- und Schönheitspflege kannte man unzählige Hausmittel, die selbst aus Kräutern, Samen und Säften gemischt und bereitet wurden, wogegen wir heute fast nur fertige Präparate kaufen.

Fig. 19 Frauen bei der Arbeit in der Küche. Kupferstich aus: Johann von Hohberg »Georgica Curiosa«. Nürnberg, 1701.

Der Garten

Diese Kräuter, das Gemüse und die Blumen wurden so weit wie möglich im eigenen

Fig. 20 Der Pellersche Garten in Nürnberg. Kupferstich, 1655.

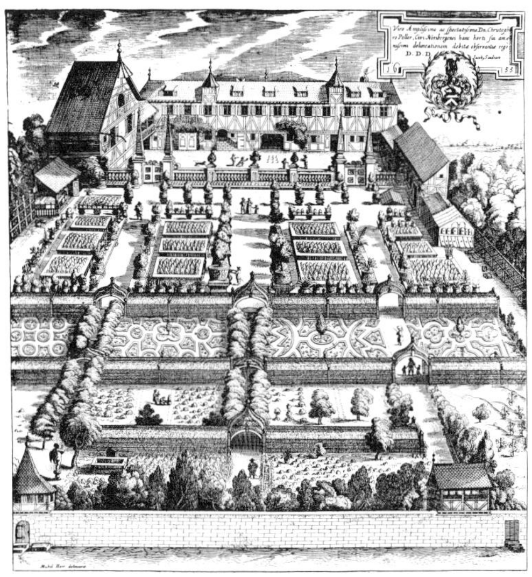

Garten gezogen, der sich aus dem mittelalterlichen Kräutergärtlein entwickelt hat. Die Freude und der Stolz am Garten blühten allenthalben zusehends im 16. und 17. Jahrhundert auf. Besaß man, wo es anging, gleich hinter dem Haus einen kleinen Hausgarten, so lag der größere Nutzgarten außerhalb der Stadtmauern vor den Toren. Meist war der Hausgarten ein reiner Ziergarten. Auf den Bienschen Aquarellen des Nürnberger Deutschherrenhauses (1625)[175] sind die Gärten streng geordnet mit geometrisch angelegten Beeten, geschnittenen Spalieren und Bosketten, nur einige Bäume lockern mit ihren vollen Kronen das abstrahierende Flächenbild auf. Im Sommer zog man auch südliche Blumen und stellte Pomeranzen- und Orangenbäume in großen, gern rot gestrichenen Kübeln an den Rändern der peinlich sauber gehaltenen Wege auf. Wenn auch nie Blumen gefehlt haben – kannte doch das Mittelalter neben Rosen, Lilien, Maiglöckchen, Akelei noch manche anderen –, so ist offenbar das lautere Wohlgefallen an ihnen, die Freude, sich mit ihnen zu umgeben, mit ihnen sich und die Stuben zu schmücken, sie auf Altanen und an »blumengerüsten« zu ziehen, der Renaissance zu verdanken. Nun begegnet man dem »maienkrüglein«, dem Blumenkasten in den Inventaren. 1559 soll Heinrich Herwarth in Augsburg zum ersten Male Tulpen von Konstantinopel nach Deutschland gebracht haben[176]. 1576 wurden die ersten deutschen Kaiserkronen im kaiserlichen Garten in Wien gezüchtet. Viele legten ihren Ehrgeiz darein, immer noch schönere und neue Arten zu erzielen und besorgten sich Samen und Stecklinge von weit her. So gehört wie selbstverständlich in den großen Hof des
4/5 Nürnberger Puppenhauses von 1611 ein regelmäßig angelegter Ziergarten, und bei dem mit weißen Ranken auf rotem Grund
53 bemalten Haus wird der Blick durch den Hof auf ein tiefes, allerdings nur gemaltes Gartenparterre geleitet. Auch bei dem einen oder anderen der großen holländischen
87, 107, 108 Puppenhäuser des späten 17. und frühen 18. Jahrhunderts fehlen der zugehörige Garten oder der Ausblick darauf nicht.

Beim Gemüse kamen im 16. und 17. Jahrhundert die Früchte hinzu, die wir noch heute zu den feineren zählen. Sie wurden nicht etwa von berufsmäßigen Gärtnern eingeführt, sondern von Bürgern, die Freude am Gartenbau hatten. In Nürnberg wird der erste Spargel 1557 erwähnt, Paulus Behaim baute ihn in seinem Garten an. Längst ist seitdem das nördliche Nürnberger Umland, das sogenannte Knoblauchsland, für seinen Spargel bekannt. 1569 gab es in Nürnberg die ersten Artischocken, 1576 kaufte Willibald Imhoff Blumenkohlsamen ein. Im 17. und 18. Jahrhundert waren etliche der Nürnberger Gärten weit über die Mauern der eigenen Stadt hinaus berühmt,
etwa der Pellersche Garten sowie die züchte- Fig. 20
rischen Erfolge und die streng wissenschaftliche »Horticultura« von Johann Christoph Volkamer[177].

Weibliche Handarbeiten

»Eine ihrer Töchter Wohlstand zu befördern trachtende verständige Mutter soll keinen Fleiß, Mühe und Kosten spahren«[178], diese in allen weiblichen Künsten und Handfertigkeiten zu unterrichten oder unterweisen
zu lassen, im Nähen, Stricken, Sticken, im Fig. 2, Fig. 21
»Klöckeln oder Wirken« (womit Klöppeln gemeint ist), in der Seidenwirkerei in der Lade, im Bandweben auf dem Webstuhl, in der Posamentierarbeit, im kunstreichen Drehen von Schnüren, im Herstellen von Quasten und Fransen. Nachweislich seit dem 16. Jahrhundert schnitt man die Stoffe
mit Hilfe von Papierschnitten zu[179], dann Fig. 22
mußte alles fein säuberlich mit der Hand genäht werden. Neben den Aufträgen an berufsmäßige Schneider und Schneiderinnen, Näherinnen, Sticker und Stickerinnen, nähte und stickte man selbst noch genug, von heute aus gesehen: unwahrscheinlich viel.

Im November 1624 kaufte Lukas Friedrich Behaim für seine älteste Tochter Anna Sabina, die nun neun Jahre alt war, ein Modeltuch für zwölf Kreuzer; zwei Gulden und zwölf Kreuzer gab er für die Nähseide aus. Die gleiche Tochter bekam 1629 »leonisch« Gold (Goldfäden) und »kegel« (Klöppel), 1632 Material zur Goldstickerei[180]. Seit der zweiten Hälfte des 16. Jahrhunderts haben die Mädchen auf Stickmuster- oder Modeltüchern, meist aus ungebleichtem Leinen, nach Mustern aus gedruckten Modelbüchern, nach eigenen oder fremden Vorlagen, das Sticken gelernt und geübt: Weiß- und Buntstickerei, mit allen Arten von Stichen, Stielstich, Schlingstich, Kettenstich, Kreuzstich und seine Varianten, Flach- und Bilderstich, Knötchen, Knopflochstickerei, einfachen oder doppelten Durchbruch. Gern haben sie auf diese Tücher die Buchstaben des Alphabets und die Zahlen 1 bis 10, häufig in verschiedenen Formen, gestickt, oft ihren Namen oder nur das Monogramm mit der Jahreszahl zugefügt, dazu mannigfaltige Bortenmotive, viele Arrangements von Blumen und Früchten, Löwen und Hirsche, kleine bunte Vögel und den Rad schlagenden Pfau, Wappentiere wie den Doppeladler, Schlösser mit Türmen und Kuppeln, Adam und Eva unter dem Paradiesesbaum, die Kreuzigung, die Leidenswerkzeuge, das Osterlamm und vieles mehr[181]. In den Jahren 1647/48 erhielt die neunzehnjährige Tochter des Frankfurter Bürgermeisters Johann Maximilian zum Jungen Unterricht im Kissensticken. Der Maler Lorenz Müller hatte zum Preis von insgesamt sechs Gulden die Muster für sechs Kissen entworfen. Die beim Sticken verwendeten bunten Seidenfäden kosteten den Vater fast vierzig Gulden. Außerdem zahlte er »Frau Annen Marien Fabern Witwe für 32 Wochen (ohne die Mittagskost und zuweilen des Abents), daß sie meine Tochter Annen Christinen das Nähen mit Seiden auf Atlas und Stramin gelehret, auch selbsten an den Küssen mit den Wappen genähet, jede à zwei Gulden, zusammen 64 Gulden«. Etwas mehr als fünf Gulden mußten für weiteren Lohn und für Neujahrsgeschenke aufgewendet werden[182].

Neben Kissen, Decken und Stuhlsitzen, Vorhängen und Teppichen, Büchern und Kästchen, Futteralen und Kammtaschen, Bettwäsche, Tischzeug und Handtüchern, Kleidern, Schürzen, Hemden, Tüchern und Taschentüchern, Handschuhen, ja sogar Schuhen und Strümpfen wurde noch vielerlei an Hausrat und Kleidung mit einfarbigem und buntem, reichem und zartem gestickten Dekor ausgestattet. Aber was konnte man nicht sonst alles an weiblichen Hand- und Kunstfertigkeiten ausüben! Nur einige der in 26 Kapiteln von der »Hauß-Halterin« ausführlich geschilderten mögen hier aufgezählt werden: künstliche Blumen und Früchte auf »welsche Art« aus Leinwand, gewickelte Seidenblumen mit Hilfe von Tragant, Wachsblumen und Wachsfrüchte, vergoldete und mit Blumen verzierte Gefäße und Früchte aus einer Art Papiermaché, Arbeiten aus gefärbtem Stroh, sogenannte Castor-Arbeit (Blumen, Früchte und Laubwerk aus Woll- oder Seidenstaub auf Leinwand, ähnlich den Flocktapeten) für Bilder, aber auch für größere Flächen, zum Beispiel von spanischen Wänden[183]. 63

Die Hausfrau sollte natürlich auch die verschiedenen üblichen Gewebe kennen und unterscheiden können. Etwa den sogenannten »Catoun« und das »Nesseltuch«, beide aus Baumwolle. Während das in Leinenbindung gewebte »Nesseltuch« »gantz dinn und schitterícht . . . so wohl denen Manns- als Weibs-Personen zu mancherley Zierde und Aufputz je zuweilen dienet«, war der »Catoun« gröber. Neben ihm gab es den »Halb-Catoun« (»aus Baum-Wolle und Leinen-Faden durcheinander vermenget«). »Man bedienet sich derselben nicht nur zu verschiedenen Arten von Kleydern, sondern auch zu Spalieren, Teppichen, Vorhängen und andern mehr«. Die halb- wie die ganzbaumwollenen Zeuge wurden durch schwarzen oder farbigen, auch mehrfarbigen Aufdruck ›veredelt‹. Halb aus Baumwolle und halb aus Leinen war ebenso der »Bomasin«, nämlich der »so glatte als gestreifte und gemödelte Barchent«, wobei der erste meist als Bettinlett diente, die beiden anderen »zu mancherley Arten der Kleider«.

Das gefärbte Leinen lief unter dem Namen »Schetter«, von dem es wiederum verschiedene Arten gab. Der gestärkte schwarze »Schetter« wurde »gemeiniglich nur unter die Knöpff-Löcher gebrauchet, um ihnen eine Haltung zu geben, damit sie nicht bald sich ausfressen und verreissen«. Der »lindere schwartze«, aber auch der in Grün, Gelb, Rot, Braun und anderen gebrochenen Far-

Fig. 21 *Frauen beim Sticken und Spinnen. Kupferstich aus: Johann von Hohberg »Georgica Curiosa«. Nürnberg, 1701.*

Fig. 22 *Vornehme Frau vor einem Altwarenstand. Kupferstich aus: Johann Alexander Böner »Des hl. Röm. Reichs Stadt Zierdte«. Nürnberg, 1702.*

ben diente »fürnemlich den Unter-Futer der Kleider, wiewol auch die von geringen Stand nebst Gesinde davon Ober-Kleider tragen«. Schließlich wurde der blaue »Schetter«, sowohl in Hell- als auch in Dunkelblau, besonders gern gemangelt und gebügelt, damit er einen schönen Glanz bekomme, und »meinst zu Vor-Tüchern (Schürzen) von denen Weibern im Handwerck-Stand getragen und gebrauchet«[184].

Der Feierabend

Den Alltag mit seiner Arbeit und seinem Wirken ergänzte der Feierabend mit Spiel und geselligem Leben. Hier kann zwar nicht die Rede sein von den zahlreichen Volksbelustigungen, wie Kirchweih, Maientanz, Tierschau, Vorführungen von Seiltänzern und Komödianten, wie Glückshäfen und Lotterien, sondern nur von den Stunden der Muße in der Familie und im Freundeskreis. Die heranwachsenden Söhne erhielten Unterricht im Zeichnen, in der Fechtkunst; sie lernten ein Musikinstrument spielen. Viel
122, 123 Musik ist überall getrieben worden, zählt doch das Straßburger Hausratsgedicht von 1514 auch mehrere Instrumente zusammen mit dem Hausrat auf. Auf der bemalten
13 Wand im unteren Saal des ältesten Nürnberger Puppenhauses wird getafelt und musiziert, zum Puppenhaus von 1639 gehört
62 auch ein kleines Spinett. Lukas Friedrich Behaim ging regelmäßig zum »musikkränzlein«. Nach den Reparaturausgaben in seinem Haushaltungsbuch besaß er eine Hausorgel (»positiv«), eine Tenorgeige, eine Laute[185]. 1619 ließ er sich von Paul Wissmayer ein Spinett bauen, von dem allerdings nur der bemalte Deckel erhalten ist. Hier musizieren in der Mitte, umgeben von Darstellungen der vier Jahreszeiten in der Landschaft des Nürnberger Umlandes, vier Streicher, begleitet vom basso continuo am Spinett[186]. Allenthalben finden sich in den Inventaren Lauten, gewöhnlich mit dem zugehörigen Futteral, dazu Flöten, Hackbretter, Fiedeln usw. Die Musik gehörte ganz selbstverständlich dazu, man spielte auf den Instrumenten und sang im vielstimmigen Chor.

Zudem war man wohl auch Mitglied eines geselligen »kränzleins« und erfreute sich an Unterhaltung und frohem Spiel. Viel wurde gerade unter Erwachsenen gespielt, mit Karten und mit diesen auf gesondertem Brett das schon bei den Tischen erwähnte Turm-Spiel, später das Bock- oder Poch-
spiel, natürlich Schach, Dame und Trictrac 127, 190
mit ihren Figuren und Steinen, seit der Wende zum 17. Jahrhundert auch das Gänsespiel[187]. Es ist der Ahne all der Würfelspiele mit hemmenden und fördernden Positionen auf einem von 1 bis 63 in einer Spirale verlaufenden Wege im großen Feld. 1617 spielte der Augsburger Patrizier und Diplomat Philipp Hainhofer das Gänsespiel mehrmals bei seinem Aufenthalt in Pommern mit dem Herzog und der Herzogin. Seine Aufzeichnungen lassen erkennen, welchen gesellschaftlichen Rang das Gänsespiel damals besaß. 1626 schaffte Lukas Friedrich Behaim ein Gänsespiel an[188]. Ein besonders schönes gemaltes Gänsespielbrett muß Maria Löffelholz geb. Sitzinger besessen haben, denn es wird 1637[189] in ihrem Nachlaß bei den Gemälden aufgezählt und mit vier Gulden bewertet.

»dockenwerck« für die Kinder

Die Kinder hatten ihr »dockenwerck«, mit dem sie an Weihnachten, zu Neujahr oder am Dreikönigstag, manchmal auch zu Ostern beschenkt wurden: Bälle, Kreisel, Murmeln, Reifen, Drachen, Windrädchen,
dazu Puppen, Pferde und Wagen, Stecken- Fig. 23
pferde, allerlei Tiere, Jagden, Darstellungen im kleinen von der Welt um sie, für die sie erzogen wurden. Aus dem Jahr 1619 besitzen wir das Verzeichnis der Geschenke, die Sabina Löffelholz geb. Harsdorffer beim ersten Weihnachtsfest ihrer Witwenschaft[190] für ihre Kinder ausgesucht hatte. Sie hatte zehn zur Welt gebracht, von denen neun noch am Leben waren. Während die vier Großen im Alter von zwölf bis achtzehn Jahren vor allem verschiedene Kleidungsstükke, Taschentücher, auch Lebkuchen, Maronen, eine Sparbüchse, einen Wachsstock, Papier, Tinte, eine Pfeife oder ein Messer bekamen, erhielt darüber hinaus der elfjäh-

rige Johannes einen Seilfahrer, die siebenjährige Barbara eine Puppenwiege mit allem Zubehör und ein »hennßla buben« (Puppenjungen), dazu ein Spinnrad, eine Kuchenschüssel, Töpfe, Krüglein, Schalen, eine Kupferflasche usw., gewiß für das Puppenspiel; die fünfjährige Maria Salome bekam eine Puppe und ein Wägelchen, die dreijährige Anna Maria neben einem Puppenbuben ein Armkörbchen, eine Tafel, eine Geige, schließlich die einjährige Catharina u. a. eine Puppe und eine Kinderklapper. Selbstverständlich waren die Kleider, die Frau Löffelholz ihren Kindern schenkte, in Material und Schnitt von der gleichen steifen Strenge wie die, die damals die Erwachsenen trugen. Alle Kinder liefen wie Miniaturen der Großen gekleidet. Täglich sollte ihnen das zu Erreichende vor Augen gestellt werden. Als Vorbilder mochten dazu auch die Puppenhäuser verhelfen, jedenfalls die süddeutschen. Wie Spiegel ihrer Zeit führen sie deren häusliches Leben vor und vermögen deshalb heute besser als irgendetwas sonst, uns eine Vorstellung davon zu vermitteln.

Puppenhäuser in Nürnberg, Straßburg, Basel, Ulm und Augsburg

Bisher haben wir nur die beiden Nürnberger
Puppenhäuser aus der ersten Hälfte des 17.
Jahrhunderts im einzelnen betrachtet. Das
44–53 Haus aus dem Besitz der Familie Bäumler
(225 x 177,5 x 68 cm) ist das einzige, dessen
Fassade mit mittlerem Erker im ersten Stock
erhalten blieb. Es war 1829 einheitlich hell-
beige übermalt worden. Der Biedermeier-
zeit schien wohl seine originale Ochsenblut-
farbe mit Kartuschen und Rahmungen in
Weiß und Grau sowie orangefarbenen
Zweigen und Blütengehängen außen, gro-
53 ßem weißen Rankenwerk innen zu auf-
dringlich. Nach der Freilegung der unver-
sehrten Malerei der zweiten Hälfte des 17.
Jahrhunderts hat dieses Haus, bei dem seit-
47 lich durch je zwei Butzenscheibenfenster in
jedem Geschoß etwas Licht eintreten kann,
viel von seinem ursprünglichen Charakter
zurückgewonnen, obwohl die Einrichtung
mehrerer Räume beachtliche Veränderun-
gen hat über sich ergehen lassen. In diesem
Haus sind nur das Wohnzimmer im ersten
Stock und ein kleiner Raum in der Mitte des 49
zweiten, neben der prächtigen Prunkküche,
getäfelt, die beiden Soller, die große Stube
im zweiten Stock und ebenso der Hof sind 53
ausgemalt. Dieser fügt sich mit seinen nun
wieder dunkelroten Wänden zu einem ge-
schlossenen Ganzen, das in die gemalte
Gartenperspektive im Hintergrund einmün-
det.

Wenig wahrscheinlich ist, daß bei dem Pup-
penhaus aus dem ehemaligen Besitz der Pa-
trizierfamilie Kress von Kressenstein das 54–
zweiteilige Giebeldach von Anfang an dazu 59
gehörte, denn solch einen Doppelgiebel zur
Straße hin besaßen die Nürnberger Wohn-
häuser nicht. Waren einstmals die beiden
jetzt nach vorne ausgerichteten Giebel zu 55
den Seitenfronten gekehrt, so daß wie beim
Haus von 1639 oder dem der Familie Bäum-
ler das Dach auf der Fassadenseite schräg an-
stieg? Dann würden aber die Giebelmaße
nicht mehr mit denen des Hauses überein-
stimmen, und die Giebel müßten von einem
ungefähr siebzig cm tiefen Haus stammen,
während hier einer Breite von 139 cm eine
Tiefe von nur 53,5 cm entspricht. Der be-
sondere Reiz dieses Hauses sind seine hohen
gedrechselten Dockengeländer, die leider 56/57
beim Puppenhaus von 1611 zum größten
Teil verlorengingen, während bei dem von
1639 an ihre Stelle flache, ausgeschnittene 26, 28
Dockenformen traten, bei denen Bemalung
das Volumen andeutet. Die stattlichen Balu-
stersäulchen vom Kress'schen Haus grenzen
nicht nur jeden Raum der Obergeschosse
nach vorn ab, sondern fassen gleichfalls die
Umgänge des in der Mitte des Erdgeschos-
ses gelegenen Hofes ein. Die Einrichtung
und Anordnung des Hauses entspricht der
für Nürnberger Puppenhäuser des 17./18.
Jahrhunderts üblichen. Hier wurden im 18.
Jahrhundert so manche Stücke und vor al-
lem die Puppen mit Wachsköpfen hinzuge- 54
fügt.

Anders als die heute noch in Nürnberg ver-
sammelten Häuser, die in ihrem Äußeren
mit dem der Anna Köferlin von 1631 in gro- Fig. 1
ßen Zügen übereinstimmen und zu denen
auch das kleinere (106,5 x 91,2 x 45,7 cm)
mit nur vier Räumen in zwei Geschossen – 60/61

Fig. 23 Hausfrau, Magd und Kinder vor der Haustür. Holzschnitt aus: Elias Porcelius »Curioser Spiegel«. Nürnberg, um 1689.

Küche und Prunkküche unten, zwei Zim-
mer mit je einem Bett oben – mit zugehöri-
ger Fassade aus dem Jahr 1673 im Londoner
Bethnal Green Museum[191] gezählt werden
muß, ist ein fünftes im Germanischen Na-
tionalmuseum tatsächlich kein Haus, son-
32–36, dern ein Schrank mit unterer Schublade, ei-
42/43 ner großen Küche unten und einer Stube mit
besonders anziehender Einrichtung darüber.
42 Bei ihrem hohen grünen Kachelofen wech-
seln Blumenvasen unter Rundbögen mit
von weiblichen Büsten bekrönten Balu-
32, 35 stern. Auf dem Gesims der Täfelung stehen
blau-weiße Fächerschalen der Nürnberger
Fayence-Manufaktur neben gedrechseltem
und bemaltem Ziergerät. Das hoch ge-
32 türmte Bett ist mit weißer, blau-weiß ka-
rierter und gerauteter sowie blau bedruckter
Wäsche bezogen. Auf den beiden Kredenzen
43 mit dreistufigem Aufsatz, ausgesägtem De-
kor sowie Profil- und Flammleisten hat -
ebenso wie in der Küche – vielerlei Zinnge-
34 schirr mit Nürnberger Beschaumarke Platz
gefunden.

In richtige Schränke eingebaut sind die bei-
den ›Puppenhäuser‹ in Straßburg und Basel.
70–76 Dementsprechend sind bei dem ersteren mit
der Jahreszahl 1681 auf der Tür des linken
unteren Zimmers – sowie 1678 auf einem
Schrank, 1680 an der Tür oben[192] – die
Räume kaum nach dem Vorbild eines tat-
72 sächlichen Hauses angeordnet. Unten liegt
neben dem breiten Hof mit Stall und hohem
74 mittleren Ziehbrunnen ein kleineres Wohn-
zimmer mit zwei typisch oberrheinischen
Schränken, von denen der eine als hohes
Büffet – oder wie es im Elsaß hieß »trisur« –
ausgebildet ist. Darüber haben die Küche
und das zweite Wohnzimmer – mit Bett und
Ofen – jeweils die gleiche Größe. In ihre
Rückwände sind – im Gegensatz zu den
Nürnberger Häusern – Fenster mit Butzen- 73, 75
scheiben eingelassen, auch wenn diese kein
Licht spenden können.

Im Basler Puppenschrank[193] folgen auf den 77–84
Keller mit seinen verschiedenen Abteilun-
gen die Küche und zuoberst das Wohnzim- 78–80
mer. Dieses hat einen Dielenboden und eine
bemalte Decke. Über der Täfelung ist ein
breiter Streifen der Wände mit bunten Blü-
tenranken verziert. Während die schweren
Stubenmöbel, von denen das Büffet ebenso
wie die Täfelung bemalt ist, aus dem 17.
Jahrhundert stammen, wurde die Küche 83/84
neuerdings durch einen großen Herd aus
grün glasierter Keramik mit der Jahreszahl
1768 ergänzt.

Aus der Sammlung Figdor kommt in Wien
ein sogenanntes Ulmer Puppenhaus[194], bei
dem aber lediglich einige schöne alte Möbel
und Einrichtungsgegenstände im 19. Jahr-
hundert vervollständigt und um sie herum
ein Haus gebaut wurde. Ebenso reichen bei
dem Haus des Ulmer Museums[195] nur ein- 197–205
zelne Stücke in das 17. Jahrhundert zurück.
In dessen Spätzeit ist das Augsburger Haus
im Bayerischen Nationalmuseum in Mün-
chen zu datieren[196].

Während diese süddeutschen Puppenhäuser oder Puppenschränke des 17. Jahrhunderts bürgerliche Wohnstätten ihrer Zeit im kleinen so vorführen, daß eigentlich nichts vergessen zu sein scheint, und sich vor den verständnisvollen inneren Augen des Beschauers das ganze häusliche Leben von damals entfaltet, gehen die kostbaren holländischen Puppenhäuser des späten 17. und der ersten Hälfte des 18. Jahrhunderts gewissermaßen einen Schritt weiter. Die dort in Utrecht, Amsterdam, Den Haag und Haarlem erhaltenen Häuser, die selbst Schränke oder in Schränke eingebaut sind, kann man nicht nur als Anschauungsobjekte ansprechen, sie sind vielmehr reguläre Prunkstücke an sich. Anscheinend war der uns nur aus der Inventaraufzeichnung her bekannte Nürnberger Puppenschrank im niederösterreichischen Schloß Pottendorf[197] allerdings gleichfalls ein solches bloßes Kunstkammerstück; doch sämtliche im Original bekannten süddeutschen Puppenhäuser besitzen auch einen gewissen anschaulichen Gebrauchswert. Sie sind bürgerlich gediegen gegenüber der großbürgerlichen Pracht und Kunstfertigkeit in Holland. Letzten Endes mag der Unterschied soziologisch bedingt sein.

Das Haus der Petronella de la Court

86–95 Dank der holländischen Forschungen der fünfziger Jahre läßt sich die Geschichte der einzelnen dortigen Häuser, die deren Eigenart nachdrücklich unterstreicht, gut verfolgen. Zu den ältesten zählt das Haus im Centraal Museum in Utrecht mit Daten zwischen 1674 und 1690[198]. Es ist mit seinem Gestell aus vier kurzen gedrehten Säulen von Nußbaumholz und dem Kasten von Olivenholz insgesamt 206,5 cm hoch, 182 cm breit und 74,5 cm tief. Dieses für Petronella de la Court in Amsterdam geschaffene Haus wurde am 18. März 1711 von dem deutschen Reisenden Zacharias Konrad von Uffenbach[199] besichtigt. Wenn er zwar von seiner Visite bei Frau de la Court, einer Färbersfrau, berichtet, so hat er sich geirrt, er muß bei Petronella Oortmans und ihrem Mann, dem Kaufmann Abraham du Pré, gewesen sein, erst die Mutter Petronella war eine geborene de la Court, eben die Erbauerin des Hauses. Uffenbachs Aufzeichnungen schildern höchst aufschlußreich, in was für einem, von einer leidenschaftlichen und kenntnisreichen Sammlerin zusammengetragenen, Milieu er das Puppenhaus antraf. »Sie zeigte uns erstlich etliche gute Schildereien (Bilder), und dann drey kleine Kammern voll Porcellan, davon sie gar viel Wesens machte. Sie versicherte, daß der Prinz Eugenius einen halben Tag zugebracht, um dieses Porcellan zu betrachten . . . Sie zeigte uns auch eine große Menge durchbrochener Spielkumpen (Spülkummen), von allerhand Größe, welche sie Duzend weiß hatt. Sie wiese uns auch von dem so genannten Pater-Noster-Gut; wie auch mit Wappen, ferner Kannen mit Schnautzen, welches alles, wie sie versicherte, ein entsetzliches Geld gekostet. Wir mußten uns insonderheit verwundern über zwölf kleine Blumenkrüge, davor sie zwölf tausend Gulden gegeben. Alles ihr Porcellan war auch blau und weiß . . . Oben auf hatte sie einen gläsernen Schrank, in welchem lauter klein Poppengut, wie es die Holländer nennen, ware, so wie sie sagte, am besten in Harlem gemacht werde. Nach dem zeigte sie uns ihr Cabinet, da wir dann erstlich einen ganz ungemeinen Vorrath von generirten Steinen sahen. Die meisten waren zwar modern, aber so kostbar, und in solcher Menge . . . Sie hatte auch viele Gefäße von Orientalischem Agat und Porphir . . . Sie zeigte uns ferner ein Kästgen, in welchem lauter Perlenmutter-Muscheln, so alle von Bellekins geschnitten waren, und zwar so schön, als wir sie nirgendswo gesehen . . . Sie hatte ferner zwey kleine Bilder, Fingers lang von Corall geschnitten . . . Ferner zeigte sie uns drey Stück von Elfenbein, auf schwarzen Sammet vest gemacht. Sie waren als bas reliefs ungemein schön geschnitten von Francis (van Bossuit; 1635–92). Sie hatte auch die zwölf ersten Kayser und deren Gemahlinnen, auf Perlenmutter sehr sauber von Bellekins gestochen, und schwarz eingelassen . . . Sie wiese uns auch ein Kästgen mit allerhand Arten und Gattungen von kostbaren Steinen . . . Sie zeigte uns auch einen Todten-Kopf von Börnstein, einer welschen Nuß groß, durch-

Die holländischen Puppenhäuser

sichtig und wunderschön gearbeitet. Hier-
auf wiese sie uns ihre Medaillen . . . Sie versi-
cherte selbst, und es ist auch wohl zu glau-
ben, daß sie ihre Curiositäten über hundert
tausend Gulden kosteten.« In dieser für uns
erstaunlichen Sammlung wird der gläserne
Puppenschrank fast nur am Rande erwähnt.
Damals wie heute war er mit Glastüren ver-
schlossen. Auf den Vater der Petronella
Oortmans, verehelichten du Pré, den Ehe-
mann Adam der Petronella de la Court und
Besitzer der Brauerei »Der Schwan« in Am-
sterdam, beziehen sich die Buchstaben AO
der reich geschnitzten Bank auf dem Vor-
platz des ersten Stocks. Bereits die Mutter
besaß eine außerordentliche Sammlung von
Gemälden und Zeichnungen, Druckgraphik
und Raritäten. Auf der Amsterdamer Ver-
steigerung nach deren Tode im Oktober
1707 brachten die Gemälde berühmter hol-
ländischer Meister, die Porzellane und son-
stigen Kunstkammerstücke 35155 Gulden
ein, während die Zeichnungen und graphi-
schen Blätter wohl en bloc in andere Hände
übergingen. Nur das Puppenhaus und ein
niederländischer Atlas in neun Bänden, die
der Sammlerin nach ihrem Testament vom
7. Januar 1697 offensichtlich besonders am
Herzen lagen, blieben bei ihren Kindern. So
gelangte das Puppenhaus in die Sammlung
der Tochter, die von der Mutter die Sam-
melleidenschaft geerbt hatte. Nach dem
Tode der Petronella Oortmans und des
Abraham du Pré sollte 1729 die von dieser
zusammengebrachte Kollektion gleichfalls
verkauft werden. Das Puppenhaus wurde
sowohl 1730 als auch 1736 öffentlich ange-
boten, scheint aber beide Male keinen Lieb-
haber gefunden zu haben, so daß es erst 1744
in den Besitz von Pieter van der Beek ge-
langte, der es für seine Frau Maria Sophia
Heykoop vorgesehen hatte. Deren Tochter
Margaretha, die mit Dirk Slob verheiratet
war, ließ einen Katalog des Hauses als »Füh-
rer« für interessierte Besucher drucken, wie
es damals in Holland üblich war. Ihre in
Utrecht ansässige Enkelin schenkte 1866 das
Haus dieser Stadt.
87 In drei Stockwerken übereinander sind die
elf Räume des Utrechter Puppenhauses un-
tergebracht, die vornehmsten liegen im
mittleren Geschoß. Unten folgen auf die ge-
räumige Küche mit einem holländischen, 88
mehr kaminartigen Herd die Wochenstube 89
und der Garten. An der Rückwand der Kü-
che sind eine Wasserkammer und das »se-
creet« eingebaut. Nicht nur wegen den auf
einem an der linken Wand aufgehängten Re-
gal zur Schau gestellten feinen Gläsern oder
wegen den auf dem gedrechselten Regal ge-
genüber versammelten Porzellanen vermit-
telt bereits diese Küche einen Eindruck von
subtiler Erlesenheit. In der Wochenstube
steht rechts auf einem Gestell mit sechs ho-
hen gedrechselten Säulen ein Wäsche-
schrank, dessen Türen die in Elfenbein ge- 92
schnitzten Relieffiguren von Glaube und
Hoffnung auszeichnen. Die Polster der aus
Elfenbein gedrechselten Stühle sind mit
bunter Seide bezogen. Sowohl das Tisch-
tuch als auch Schulterumhang und Zier-
schürze der Wöchnerin zeigen reichen
Klöppelspitzenbesatz. Eine gemalte Fortu-
na, die Gérard de Lairesse (1641–1711) zuge-
schrieben wird, schmückt die hohe Rauch-
fangverkleidung des Kamins. Von den
Bildnissen an den Wänden scheinen die von
Kardinal Mazarin, Ludwig XIV. und seiner
Gemahlin Maria Theresia erst im 18. Jahr-
hundert zugefügt worden zu sein. Im Garten 87
steht inmitten von Blumen und Pflanzen ein
zierlicher Pavillon; er ist ebenso aus Elfen-
bein virtuos geschnitzt wie die ihn auf ho-
hen, durchbrochenen Postamenten umge-
benden allegorischen Figuren der vier Ele-
mente. Sämtliche Räume beleben Puppen
im Kostüm des späten 17. Jahrhunderts. Auf
dem Treppenvorplatz in der Mitte des ersten
Stocks verbergen ein Herr und eine Kinder-
frau, die ein Kind an langer Leine führt, fast
die hohe englische Standuhr von Théodore
Arnaud, deren Kasten ganz mit Schildpatt
belegt ist. Auf die Decke sind hier die vier
Winde gemalt, während das Fußbodenmu-
ster aus schwarzen und weißen Marmorplat-
ten gebildet wird. Vier Elfenbeinreliefs mit
Themen aus der antiken Mythologie mögen
gleichfalls erst im 18. Jahrhundert aufge-
hängt worden sein. Zwei schwarz gefaßte
Büsten an der Rückwand stellen Minerva
und Merkur vor, die Schutzgötter von Wis-
senschaft und Handel. Über diesem Vor-

94 platz liegt das Kontor des Hausherrn, wo er
selbst, umgeben von Folianten und Brief-
schaften, im Hausrock am Schreibtisch an-
zutreffen ist. Die Wände und die Decke des
90 Empfangszimmers auf der linken Seite des
ersten Stocks sind mit Leinwandbildern von
Frederik de Moucheron (1633–86) bespannt.
Eine nach Pariser Mode gekleidete vor-
nehme Gesellschaft von Herren und Damen
musiziert oder läßt sich durch Musik unter-
halten. Der Fußboden dieses Zimmers hat
bereits ein in verschiedenen Hölzern ausge-
legtes Parkettmuster. Zur Dekoration der
Decke sind kolorierte Kupferstiche verwen-
det, wobei die vier Elemente einen mittle-
ren, von den vier Winden umgebenen Engel
auf beiden Seiten einfassen. Noch mehr
Kostbarkeiten füllen auf der rechten Seite die
86, 93 sogenannte Kunstkammer. Hier hängen
Gemälde von Gerard Hoet (1648–1733) mit
der Jahreszahl 1674, Jan van Hughtenburgh
(1647–1733) und Willem van Mieris
(1662–1747) mit der Jahreszahl 1682. In die
Platte eines Bernsteintisches mit geschnitz-
tem Gestell aus üppigem Akanthuslaubwerk
ist ein zierliches Elfenbeinrelief eingelassen.
Ein Schrank mit Glastüren birgt schönes
ostasiatisches Porzellan, ein mit verschiede-
nen Holzsorten und mit Elfenbein marke-
tiertes Kabinett enthält eine Kollektion von
Raritäten aus Silber und Elfenbein. Gleich-
falls aus Elfenbein sind eine Figur des Mer-
kur und ein Miniaturhimmelsglobus. Zu-
oberst liegen zwischen einer Vorratskam-
91 mer links und einer Wäschestube rechts, in
der gebügelt wird und auch eine Wäsche-
95 presse steht, das Kinder- und das Schlaf-
zimmer. In ersterem bedecken Strohmatten
den Boden, die Wände sind mit roter Seide
bespannt. Ein kolorierter Stich von Hen-
drick Goltzius mit der Personifikation des
Herbstes ziert die Decke. Die Reliefs des sil-
bernen Ofens zeigen Abraham und die drei
von ihm bewirteten Engel sowie, auf der
anderen Seite, drei Personen an einem Feuer.
Im Schlafzimmer sind Boden und Wände
mit Seide überzogen, an der Decke erscheint
als kolorierter Stich eine Apotheose Kaiser
Leopolds I. Das Schlachtenbild als Rauch-
fangverkleidung des Kamins wird J. van
Hughtenburgh um 1690 zugeschrieben.
Weitere Bilder stammen von W. van Mieris,
Daniel Vertangen (1598–1681/84) und Pieter
van Slingeland (1640–91). Das Himmelbett 95
mit seinen Vorhängen, die Tischdecke, die
Stuhlpolster aus kostbarer Seide sind mit
Fransen und Quasten oder mit weißen
Klöppelspitzen verbrämt.

Das Haus der Petronella Oortman

Nicht minder aufwendig ist das Puppenhaus 99–104
der Petronella Oortman, der Frau des Jacob
Brandt, im Amsterdamer Rijksmuseum[200].
Dieses Haus wurde lange Zeit mit Zar Peter
dem Großen verbunden, der sich angeblich
in Holland ein Puppenhaus hat machen las-
sen, schließlich es dann doch nicht abge-
nommen habe, weil die Kosten zu hoch ge-
worden wären. Diese Geschichte scheint
aber in der ersten Hälfte des 19. Jahrhunderts
ein Kunsthändler in die Welt gesetzt zu ha-
ben, um mit ihrer Hilfe das Haus umso teu-
rer verkaufen zu können. Petronella Oort-
man, die Tochter eines aus Essen stammen-
den Vaters, der Gewehrläufe fertigte, und
einer holländischen Mutter, wurde 1656 ge-
boren und heiratete in zweiter Ehe 1686 den
aus Fehmarn gebürtigen Jacob Brandt. Der
Familie muß es wirtschaftlich ausgezeichnet
gegangen sein, so daß sie sich ein solches
Puppenhaus, das mit ihren Initialen BO ge-
kennzeichnet ist, ohne weiteres hat leisten
können. Als der Sohn Jan 1743, sicherlich
unter ganz anderen äußeren Umständen,
Konkurs anmelden mußte, gehörte ein Pup-
penhaus mit eingelegtem Schildpatt zur
Konkursmasse.
In der Tat zeichnet sich das Puppenhaus des
Rijksmuseums durch sein kostbares Ge- 99
häuse aus, dessen Schildpattfurnier mit dich-
tem Rankenwerk aus Zinn eingelegt ist. Ein
Gemälde von Jacob Appel (1680–1751) gibt
es im frühen 18. Jahrhundert wieder und
zeigt, daß damals vor die Glastüren zum
Schutz lange Vorhänge gezogen werden
konnten. Im Erdgeschoß nimmt eine relativ
schmale Küche die Mitte ein. Wie bei dem
Haus in Utrecht ist der Herd kaminartig in
die Wand eingebaut. Links daneben findet
sich eine große Prunkküche, in der ähnlich 104
wie in den entsprechenden Nürnberger

Fig. 24 Tüncher bei der Arbeit. Holzschnitt aus: Elias Porcelius »Curioser Spiegel«. Nürnberg, um 1689.

Räumen das gute Geschirr aufbewahrt und zugleich zur Schau gestellt wird. Sie hat Marmorboden, die Wände sind in ganzer Höhe gekachelt. Die gemalte achteckige Scheinarchitektur der Decke weitet illusionistisch den Raum. Die Wände des sogenannten Tapetenzimmers auf der rechten
102 Seite sind ganz mit im ungarischen Flammenstich gestickten Behängen bedeckt. In einem Kabinettschrank mit goldener Lackmalerei auf schwarzem Grund kann man eine Muschelsammlung bewundern. Eine Tür in der Rückwand führt in die Bibliothek. Wie in dem Utrechter Haus sind die Wände des Empfangszimmers im ersten Stock ganz mit Landschaftsmalereien und zwar von Nicolaas Piemont (1644–1709) überzogen. Während auf die Schlotverkleidung des Kamins W. van Rooyen (1650–1723) ein Bild mit Geflügel in einer Parklandschaft gemalt hat, findet sich an der gleichen Stelle in der gegenüberliegenden
104 Wochenstube eines von J. Voorhout (1647–1723) mit Moses im Binsenkörbchen. Hier ist in die Rückwand ein Alkovenbett mit Samtvorhängen eingebaut, rechts und links daneben eine Garderobe sowie ein wohl gefüllter Wäscheschrank. Die Wände wurden mit teurem Rosenholz getäfelt, das auch das Material für die Möbel im Empfangszimmer abgegeben hat. Der zweite Stock birgt das Kinderzimmer mit Fenstern auf der Rückwand und einem großen Bett mit Taftvorhängen in der Mitte, eine Wäschestube mit Vorrichtungen zum Trocknen, Pressen und Bügeln, dahinter die Mägdekammer mit zwei Betten.

Auch in diesem Haus finden sich viele be-
101 merkenswerte Einzelstücke, feinstes Geschirr aus holländischem Silber, ostasiatischem Porzellan und aus Glas. Allerdings sind die Puppen, die das Haus auf dem Gemälde von Appel beleben, in der Zwischenzeit verschwunden.

Das Haus der Margaretha de Ruyter

96–98 Seit 1924 besitzt das Rijksmuseum ein weiteres Haus des 17. Jahrhunderts, das zuvor Frau van Tienhoven-Hacke gehörte[201]. Es stammt aus der Sammlung von Margaretha de Ruyter, der Tochter aus dritter Ehe des Admirals Michiel Adriaenszoon de Ruyter, die 1673 den Pfarrer Bernardus Somer heiratete. Das nach ihrem Tode 1689 aufgestellte Inventar führt dieses Puppenhaus aus Nußbaumholz auf. Bei ihm wird im Erdgeschoß die Küche von der Vorratskammer mit Weinkeller einerseits und einer Wohnstube anderseits begleitet. Im ersten Stock sind in der großen Wohnstube die Wände und ebenso das mit hohen Federbüschen ge-
schmückte Bett mit rotgrundigem bedruck- 96
ten Chintz (Indiennes) bekleidet. Die in Felder aufgeteilte Decke hier und in der Wohnstube ist bemalt. Wie in allen holländischen Puppenhäusern dienen zur Beheizung Kamine mit hohem Rauchmantel. Amme und
Magd in der Wochenstube, Hausfrau und 97
Hausherr in der Wohnstube tragen wie die übrigen Hausbewohner die modische Kleidung des späten 17. Jahrhunderts. Im zweiten Stock sind ein Speicherraum, das Wäschezimmer und die Kinderstube untergebracht.

Das Haus der Sara Ploos van Amstel

Erst im zweiten Viertel des 18. Jahrhunderts entstanden die beiden Häuser im Haager Gemeentemuseum und im Haarlemer Stedelijk Museum. Bei ihnen handelt es sich nicht um Puppenkästen in Schrankform, sondern um reguläre Schränke, die sich nur bei weit geöffneten Türen als Puppenhäuser
erweisen. Als ein breites, untersetztes Möbel 105–131
nahm das Haus in Den Haag[202] in seinem kommodenartigen Unterteil drei Schubladen auf. Auf den sieben Podesten der mehrfach geschweiften Bekrönung sind heute wie ehedem Porzellanschalen aufgestellt.
Diesen Schrank ließ Sara Ploos van Amstel 105
im Herbst 1743 aus Nußbaumholz zum Preis von 230 Gulden anfertigen, nachdem sie am 10. April des gleichen Jahres auf einer Versteigerung in der Amsterdamer »Keizerskron« für 903 Gulden drei alte Puppenkabinette erworben hatte. Sowohl über ihre Anschaffungen als auch über die neue Auf-
stellung und Verteilung führte sie genau Fig. 25
Buch, so daß wir über die meisten Einzelheiten ihrer Einrichtung aus erster Hand unter-

richtet sind. Möbel und sonstige Gegen-
stände des 17. Jahrhunderts gelangten also in
ein modernes Hausensemble, wie es in vie-
len Haushalten und Sammlungen nur all-
zu selbstverständlich war und noch heute
ist.
110 Auch in diesem Haus liegen im ersten Stock
mit dem Musikzimmer und dem Porzellan-
kabinett die vornehmsten Räume. Sie sind
deshalb mit 45 cm die höchsten, während die
Raumhöhe im Erdgeschoß 39 cm, im zwei-
ten Stock nur 37 cm beträgt. Unten finden
wir in der Mitte den Garten, für dessen
Ausmalung mit nach den Seiten und nach
hinten weit in die Tiefe leitenden Perspekti-
ven sowie einem Himmel die Besitzerin
114 achtzehn Gulden ausgab. Die Wochenstube
auf der linken Seite kam aus dem dritten der
erworbenen Kabinette, doch wurde nun
eine Toilette eingebaut, die Puppen teilweise
neu eingekleidet sowie mit neuen Köpfen
und Händen versehen. Aus dem gleichen
119 Kabinett stammte die Küche auf der rechten
Seite, die etwas niedriger gemacht und deren
Decke neu bemalt wurde. In ihrem rück-
wärtigen Wandschrank sind Zinnteller auf-
gestellt, das obere Regal dekorierte Frau
Ploos van Amstel mit einer Spitzenrüsche.
Neben Delfter Fayencen brachte sie in der
Küche auch ein Teegeschirr aus japanischem
Porzellan unter, das sie schon länger beses-
sen hatte; bei genauem Zusehen scheint es
etwas zu groß zu sein. Die Malerei der
112/113 Wände des Vorplatzes im ersten Stock
täuscht reiche Stuckarbeit vor. Die von hier
ausgehenden fünf Türen sind aus massivem
Holz und unbemalt. Den schmalen Läufer
auf dem Boden arbeitete die Besitzerin selbst
in Brettchenweberei mit einem Rautenmu-
ster in Gelb und Schwarz. Für die schöne,
von der Decke herabhängende Laterne, zu
der es ein Gegenstück im Haarlemer Haus
gibt, zahlte sie vier Gulden. Gleichfalls eine
130 Neuanschaffung war der Standuhrkasten
mit einer goldenen Taschenuhr darin. Die
123 die Wände des Musiksaales überziehenden
Landschaftsmalereien stammen von David
van der Plaats, dem ehemaligen Besitzer.
Zwei der sechs silbernen Wandleuchter hier
wurden nach dem Vorbild der vier älteren
aus dem zweiten der erworbenen Kabinette
nachgemacht. Für das Cembalo – wie die 122
Bücher und die Viola da Gamba aus dem
dritten Kabinett – gab Frau Ploos van Am-
stel eine neue Bemalung in Auftrag. Wäh-
rend sie die Puppen und die Möbel des Mu-
siksaales neu anfertigen ließ, kamen die mei-
sten der dortigen kleinen Dinge von Silber,
Messing und Glas aus den älteren Kabinet-
ten. Für das Porzellanzimmer verwendete 124–126
sie aus deren zweitem einen kleinen, halb-
runden Sammlungsschrank mit verglasten
Türen. Er wurde in die Rückwand einge-
baut, rechts und links achtzehn Konsolen
und an den Seitenwänden vier große, ge-
rahmte Spiegel hinzugefügt, was zehn Gul-
den kostete. Die ausgestellte blau-weiße
Ware sind holländische Nachahmungen in
Opak-Glas des so begehrten chinesischen
Porzellans, das damals in großen Mengen
für den Export nach Europa gefertigt wur-
de. Das zart reliefierte weiße Porzellan –
Blanc de Chine – stammt teils aus den älte-
ren Kabinetten und wurde teils hinzuerwor-
ben.
In den vier Schubladen eines ganz mit
Schildpatt furnierten Kabinettschrankes des
17. Jahrhunderts sind dekorativ in Wachs
eingelassene Muscheln untergebracht. Die
ovale Platte eines Klapptisches zeigt zierliche
Lackmalerei im chinoisierenden Stil des spä- 121
ten 17. Jahrhunderts. Im zweiten Stock fin-
den sich in der Kunstkammer schöne Möbel
der gleichen Zeit, u. a. ein Kabinett mit einer
Münzkollektion, ein anderes mit einer um-
fangreichen Muschelsammlung, ein Bü- 130
cherschrank. Die Chaiselongue und ihre
Kissen überziehen Stickereien in dem zu
Ende des 17. Jahrhunderts beliebten ungari-
schen Flammenstich. Im Kinderzimmer, das
ursprünglich auch einen Schrank mit silber-
nem Spielzeug beherbergte, stehen u. a. ein
Himmelbett mit reizvoll an den Kanten gar-
nierten Atlasvorhängen und ein mit frühem
Rokoko-Ornament in Gelb auf blauem
Grunde bemalter hochlehniger Kinderstuhl.
Zu einigen Stücken Babywäsche hier 117/118, 109
kommt weitere, teilweise hübsch bestickte
oder mit Spitzen versehene für die Erwach-
senen im Schrank der Wochenstube und in
den Flechtwerkkörben der Wäschestube in
der Mitte des Oberstocks.

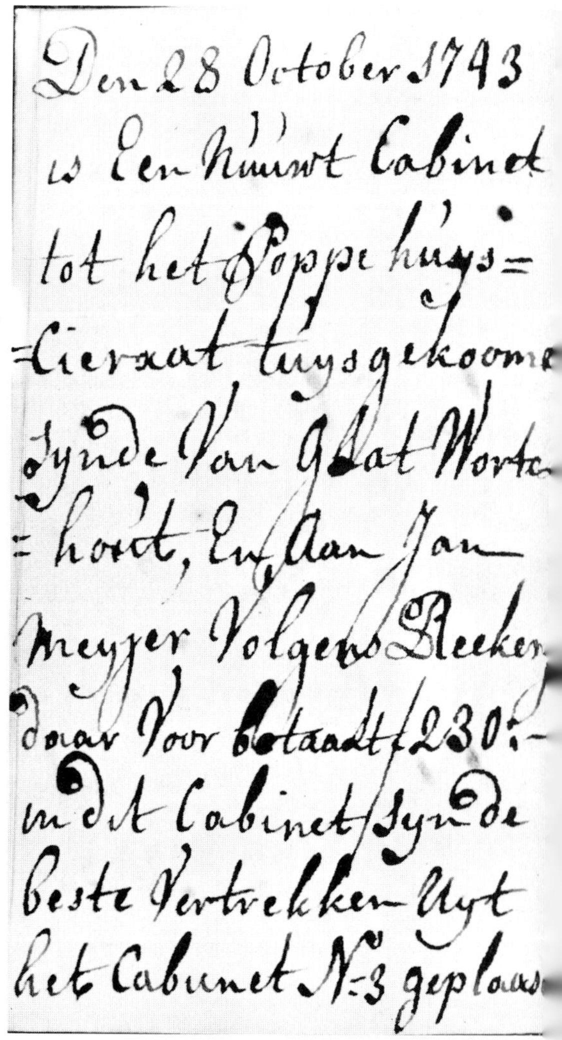
Den 28 October 1743
is Een Nieuw Cabinet
tot het Poppe huys=
=Cieraat tuys gekoome
synde Van Glat Worte=
=hout, En Van Jan
meyjer Volgens Reeken
daar Voor betaalt f 230:-
in dit Cabinet syn de
beste Vertrekken Uyt
het Cabinet N:o 3 geplaas

Fig. 25 Aus den Aufzeichnungen der Sara Ploos van Amstel über die Herstellung ihres Puppenhauses. Den Haag, Gemeentemuseum

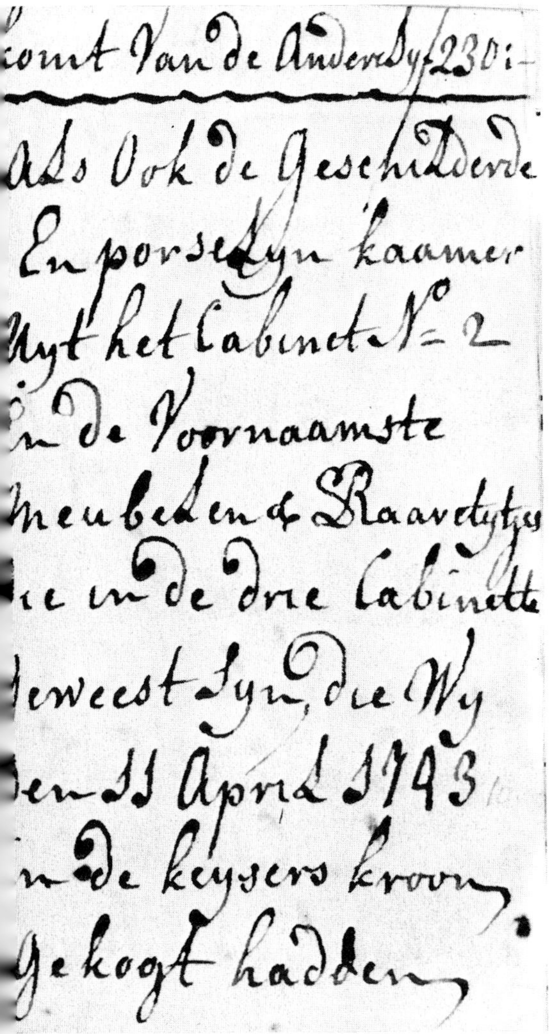
komt Van de Anderdijs/230:-
Als Ook de Geschilderde
En porseleyn kaamer
Uyt het Cabinet No 2
en de Voornaamste
meubelen & Raarityten
die in de drie Cabinetten
geweest Syn, die Wy
den 11 April 1743
in de keysers kroon
gekogt hadden

Das Puppenhaus aus den Sammlungen Blaauw und Rienstra van Stuyvesant

132–135 Der Puppenschrank, der sich ehemals in den Sammlungen Blaauw und Rienstra van Stuyvesant befand und heute im Haarlemer Museum steht[203], besitzt sogar doppelte Türen. Auf der äußeren des schwarz gefirnißten Kastens sind in der Manier von Gérard de Lairesse Pegasus und die Freien Künste sowie Apoll und die neun Musen gemalt. Die Malerei der Innentüren imitiert eine steinerne Fassade mit Fenstern, als wäre tatsächlich in den Schrank ein Haus eingebaut. Bei diesem verteilen sich die Räume auf vier
133 Stockwerke. Über dem mittleren Eingang, über Küche und Keller liegen zu seiten eines Vorplatzes das sogenannte Zimmer des
134, 135 Astrologen Ludeman und das Eßzimmer mit hoch getürmtem Aufbau von Silbergerät in der Nische seiner Rückwand. Im zweiten Stock folgen die Wochenstube, ein Wohnzimmer, vor dessen große rückwärtige Fenster rote Moirévorhänge gezogen
132 sind, sowie in der Mitte die sogenannte Kapelle mit sich hinten anschließender, fast kreisförmiger Nische; die Wände dieses mittleren Raumes sind mit schwungvollem Rokoko-Ornament und mit Figuren in hohen perspektivischen Nischen bemalt. Zuoberst finden sich Vorratskammer, Wäscheboden und Kinderzimmer.

Das Gontardsche Haus in Frankfurt

An die holländischen Puppenhäuser erinnert
136–143 das der Frankfurter Familie von Gontard im dortigen Historischen Museum[204]. Bei ihm ist im Laufe der Zeiten manches verändert, vielerlei hinzugefügt worden. Auch sein Ge-
136 stell und die Rahmung des Kastens stammen erst aus dem 19. Jahrhundert. Links unten
138 liegt ein Vorratsraum, an dessen Rückwand ein Keller mit Latten abgeteilt ist. Eine Bühne darüber wird nunmehr gleichfalls für die Lagerung von Vorräten benutzt; doch diente sie wahrscheinlich ursprünglich nicht dazu, denn eine gemalte Gartenarchitektur weitet sie illusionistisch. Vom mittleren
Vorplatz leitet eine Treppe des 19. Jahrhun- 140
derts in das Obergeschoß. Das Wohnzim- 143
mer auf der rechten Seite hat wie sämtliche Räume einen weiß und schwarz geschachten Boden; es wird durch einen hohen Kamin mit voluminöser barocker Steinfassung be-
heizt. Darüber liegt die Küche, deren Wän- 142
de, der Regaleinteilung folgend, mit großen Blütenranken in mehreren Streifen bemalt sind. Der tischartige Herd links im Hintergrund besitzt weder in den süddeutschen noch in den holländischen Puppenhäusern seinesgleichen. Die bemalte Decke der Küche scheint auf eine ehemals andere Raum-
nutzung hinzudeuten. Auf dem Vorplatz 141
daneben steht eine wuchtige Wäschepresse.
Im Schlafzimmer stammen der Kachelofen 139
und der mit Schnitzwerk verzierte Überbauschrank aus dem 17. Jahrhundert. Das Gontardsche Haus zeigt besonders deutlich die ein Puppenhaus verwandelnde Benutzung im Laufe von zweihundert Jahren, wobei hier vor allem das 19. Jahrhundert verändernd eingegriffen hat.

Die Wochenstube

In sämtlichen erhaltenen holländischen so- 89, 96, 103, 114, 148
wie in einigen der englischen Puppenhäuser ist ein prominenter Raum der Wochenstube vorbehalten. Deren Bedeutung unterstreicht die von Henry René d'Allemagne[205] weitergegebene Nachricht des Gédéon Tallemant de Réaux (1619–92), daß Kardinal Richelieu (1585–1642) der Herzogin von Enghien eine Wochenstube geschenkt habe, deren Figuren sich aus- und anziehen ließen. In den Museen von Straßburg und Frank-
furt/M.[206] dokumentieren offenbar elsässi- 206/207
sche Miniaturstuben mit Tonfiguren des späten 18. Jahrhunderts solche Wochenstuben bzw. den Taufschmaus neben dem Bett der Wöchnerin höchst anschaulich als ein volkstümlich gewordenes Brauchtum, das als ehedem höfisch-großbürgerlicher Brauch Richelieus Wochenstube und die der Puppenhäuser motiviert hatte.

Puppenhäuser im 18. Jahrhundert

Das Amsterdamer Rijksmuseum besitzt als drittes ein um die Mitte des 18. Jahrhunderts zu datierendes Puppenhaus, das als ein tatsächliches sich über niedrigem Sockelgeschoß in drei Stockwerken erhebendes Haus mit Freitreppe den englischen Puppenhäusern des 18. Jahrhunderts nahesteht[207]. Das heute nur noch spärlich möblierte Amsterdamer Haus hat auf seiner durch Pilaster gegliederten Frontseite 26 Fenster und zwei Türen, seitlich jeweils acht Fenster bzw. unten einen Nebeneingang.

Allerdings ist das älteste erhaltene englische Puppenhaus – Ann Sharp, die 1691 geborene Tochter des Erzbischofs von York, erhielt es von ihrer Patin, der späteren Königin Anne[208] – eben doch ein Schrank mit vielerlei inhaltsreichen Räumen in vier Geschossen. Erst nach 1700 scheint sich das englische Puppenhaus zu einem auf der Vorderseite zu verschließenden Haus – meist auf hohem Gestell – entwickelt zu haben. Das Westbrook-Haus[209] soll als Abschiedsgeschenk für die Tochter Elizabeth des John Westbrook of Essex 1705 geschaffen sein, als die Familie die Isle of Dogs verließ; wahrscheinlich gibt es das dortige Wohnhaus en miniature wieder. Gar kein Puppenhaus ist ein
161 Haus von 1709 mit dreiteiliger Giebelfassade im Bethnal Green Museum, London, vielmehr die Verkleidung eines Kinderkleider- und -wäscheschrankes[210].

Noch heute steht ein besonders großartiges
145–149 Puppenhaus in Uppark (Sussex)[211]. Als reguläres englisches Herrenhaus mit palladianischer Fassade besitzt es über fünf Pfeilerarkaden drei Geschosse. Seine obere Balustrade zieren sieben frohlockende Genien, der mittlere Giebel enthält das Wappen der Familie Fetherstonhaugh. Einst gehörte das Haus Sarah, der Tochter von Christopher Lethieullier, die 1747 Mathew Fetherstonhaugh heiratete, der kurz zuvor Uppark erworben hatte. Die Räume im unteren Stock
149 – der Vorplatz, von dem die Treppe in die Höhe steigt, die Küche und ein Zimmer – sind weit niedriger als die Zimmer des Hauptgeschosses und die nicht ganz so ho-
145/146 hen des obersten. Alle Zimmer sind weiß getäfelt. Auch hier findet sich eine Wochenstube rechts neben dem mit vielerlei Silbergerät ausgestatteten Speisezimmer in der Mitte des ersten Stocks. In jedem der drei Zimmer des Obergeschosses steht ein von Vorhängen umschlossenes Himmelbett, doch fehlen oben die zeitgenössischen Puppen – mit Wachsköpfen für die Familie, mit Holzköpfen für die Dienerschaft –, die die unteren Räume beleben.

Im Äußeren ähnlich ist das wohl fast gleichzeitige Puppenhaus von Nostell Priory, nahe bei Wakefield in Yorkshire[212], das noch heute der Familie Winn gehört, die hier 1733 ein neues Herrenhaus zu bauen begann. Angeblich soll bei den Möbeln dieses Puppenhauses Thomas Chippendale mitgearbeitet haben, der 1718 nicht allzu weit entfernt geboren wurde und – bevor er sich in den vierziger Jahren in London niederließ – in der Heimat eine Reihe von Möbeln aus Eiche und anderem einheimischen Holz schuf. Während sich bei dem Haus in Uppark jeder der neun Räume mit eigener Tür von außen öffnen läßt, besteht die Fassade von dem in Nostell Priory aus zwei hohen Flügeln. In der Mitte des Untergeschosses führt wie in Uppark eine sich an die Rückwand des Eingangsraumes anlehnende Treppe nach oben. Von der Küche abgesehen, sind die Wände entweder getäfelt, bemalt oder mit einer Tapete in chinesischem Geschmack bedeckt. Die Betten und die seitlichen Fenster haben lange Vorhänge aus Samt, Seidenmoiré oder bunt bedrucktem Chintz. Das Familienwappen im Giebel trägt die Jahreszahl 1743.

Aus dieser Zeit stammt auch das kleinere
Blackett-Haus im London Museum[213]. Wie 157–159
dem späten Haus in Amsterdam ist seinem
Sockelgeschoß ein symmetrischer Treppen- 159
aufgang vorgebaut, der direkt in den ersten Stock führt. Erst von hier ab öffnet sich die Fassade mit zwei Flügeln, jeweils vor zwei Zimmern übereinander, deren vier Fenster – noch heute ist es so in England und auch bei dem Puppenhaus in Uppark nicht anders – nach oben geschoben werden können. Das Blackett-Haus zeichnen besonders die gemalten Papiertapeten in den drei Zimmern aus. Seine Küche besitzt einen kaminartigen

Herd, wie wir ihn schon aus den holländischen Puppenhäusern kennen. – Eine doppelläufige, elegant geschwungene und mit Dockengeländer versehene Freitreppe steigt
150–152, 156 beim Tate-Haus im Londoner Bethnal Green Museum[214] zu dem gleichfalls im ersten Stock gelegenen Haupteingang auf. Dieses wurde um 1760 in Dorset (Südengland) nach dem Vorbild dortiger Häuser hergestellt, im letzten Jahrhundertdrittel eingerichtet, um 1830 neu dekoriert.

Es hat den Anschein, daß bereits die frühen englischen Puppenhäuser kleine Mädchen zum Geschenk erhielten, die wohl damals schon mit ihnen gespielt haben mögen. Sie waren also weder Anschauungsobjekte wie die deutschen noch prunkvolle Kunstkammerstücke wie die holländischen. Deshalb sind sie in ihrer Einrichtung und Ausstattung auch nicht so reichhaltig und für uns kulturgeschichtlich beeindruckend wie jene. Zugleich nimmt es nicht wunder, daß Vivien Greene eben aus England als erstes bekanntes derartiges Dokument die Handelskarte vom 14. Dezember 1762 des Londoner Spielzeughändlers Belamy im Haus zum »Grünen Papagei« in der Chancery Lane in Holborn veröffentlichen kann[215], die u. a. den Verkauf von »baby-houses« mit allen Sorten von Möbeln zum niedrigsten Preise ankündet. Puppenhäuser wurden also zu dieser Zeit in England nicht mehr nur auf Bestellung gefertigt, sondern auf Vorrat hergestellt und zum Verkauf angeboten, wobei es sich nun einerseits schon um eine gewisse Serienware gehandelt haben muß, anderseits mit solchen Häusern Kinder tatsächlich und vielleicht sogar schon ausgiebig gespielt haben dürften.

Schweden und Italien

Ein schwedisches Puppenhaus um 1740 im Stockholmer Nordiska Museet[216] ist in ein Kabinett auf schlanken, geschweiften Beinen mit verglaster Vorderfront und abgeschrägten, gleichfalls verglasten Seiten eingebaut. Doch hat es weitgehend den Charakter eines Hauses und damit eines geschlossenen Hausstandes eingebüßt. In den vier Schrankfächern breitet sich die Einrichtung von jeweils einem Raum aus, zuoberst findet sich eine Art Ballsaal. Deshalb möchte ich dies eher als eine Vitrine mit Zimmereinrichtungen denn als ein in einen Schrank eingebautes Haus bezeichnen.

Ganz für sich steht das Haus in Bologna[217]. Wie ein eingeschossiger italienischer Palazzo 164–168
des 18. Jahrhunderts kann es umschritten und von den verschiedenen Seiten aus eingesehen werden, die sich in großen Fenstern öffnen. Seine aufwendige und erlesene Ausstattung und Einrichtung lassen fragen, ob es sich nicht eher um ein Modell handelt, also weder um ein Sammlungsstück noch ein Anschauungsobjekt oder ein Spielzeug.

»Mon Plaisir« in Arnstadt

Seltsamerweise sind aus Deutschland keine großen Puppenhäuser des 18. Jahrhunderts erhalten. Bestand kein Interesse mehr an neuen, solange solche Häuser nicht zum Spielzeug für Kinder geworden waren? Man möchte fast dies als Grund vermuten, zumal die Arnstädter Puppenstadt »Mon Plaisir« 169–191
der Fürstin Augusta Dorothea von Schwarzburg nochmals in einzigartiger Weise eine von und für Erwachsene geschaffene Miniaturwelt – nun das Ensemble einer kleinen thüringischen Residenz – vorführt[218].

1684 war die achtzehnjährige Prinzessin von Braunschweig-Wolfenbüttel nach Arnstadt gekommen, 1697 wurde die Grafschaft Schwarzburg zum Fürstentum erhoben, 1716 starb Fürst Anton Günther II. von Schwarzburg, die Fürstin aber erst nach 35 Jahren der Witwenschaft im Jahre 1751. Während dieser Zeit hat sie, deren Sammelleidenschaft schon früh hohe Schulden nach sich zog, zusammen mit ihrem Hofstaat und mit der Hilfe der verschiedensten unbekannten Handwerker die Puppenstadt errichtet, deren Anfänge immerhin bis 1704 zurückreichen. Sie besteht aus 82 Kästen. Meist sind es keine eigentlichen Häuser, sondern Kästen unterschiedlichen Formats, die zwar teilweise übereinandergestellt, auch durch Treppen verbunden und mit einem Dach versehen sind. In zwei Reihen übereinander wird der Wochenmarkt vorgestellt. An vie- 170

len Ständen, die man abends mit einer
Klappe verschließen kann, wird Ware feil-
gehalten. Einfache und bessergestellte Ein-
wohner des Städtchens prüfen das Angebot
und kaufen ein. Da gibt es Geschirr aus Kup-
fer und Messing, den Hut- und den Schuh-
macher, den Wachszieher, neben dem der
Scherenschleifer mit seinem Werkzeug
steht. Die Gemüsefrau sitzt vor einem Tisch
mit den Früchten des Gartens. Eine Händle-
rin bietet auf dem Boden ausgebreitete Töp-
ferwaren an. Ein Mann kommt mit einer
Schubkarre, ein anderer führt ein Pferd, das
Lasten auf einer Rutsche zieht. Ein Bilder-
händler ist ebenso zur Stelle wie ein Bau-
ernmädchen mit großem Tragkorb auf dem
171–175 Rücken. In den Handwerkerhäusern finden
sich der Bäcker, der Fleischer, der Böttcher
(in Süddeutschland »Büttner«), der Schrei-
ner, der Drechsler, der Weber, aber auch der
Apotheker in einer wohleingerichteten Re-
zeptur. Vielfach unterstützt die Ehefrau den
Mann bei seiner Arbeit. Auf dem Vorwerk
mit dem unten gemauerten, oben in Fach-
werk errichteten Bauernhaus besorgt die
Bäuerin das Geflügel, der Bauer das Vieh im
176 Stall, während die jungen Leute, das Klein-
kind in der Wiege neben sich, beim Früh-
stück sitzen und davor gebuttert wird. Eine
182 bürgerliche Kinderstube hebt sich ab von
der fürstlichen, wie es überhaupt in der Re-
sidenz weit vornehmer zugeht. Zwei- und
177 vierspännige Wagen und Kutschen fahren
vor, die Fürstin entsteigt gerade einer Sänf-
179 te. Im Weinkeller wirkt der Kellermeister, in
der Küche der Koch mit Mägden und Kü-
chenjungen. Die durch zwei lange, am Gür-
180 tel befestigte Schlüssel gekennzeichnete Be-
schließerin schafft in der Wäschekammer
zusammen mit einer Magd. Zwei Zofen
183 richten das Himmelbett, dessen hohe
Rückwand eine von einer ovalen Kartusche
gerahmte Blumenvase ziert. Im Kinder-
zimmer bringt eine Dienerin der Fürstin das 184
gewickelte Neugeborene, für das Wiege und
Korb aus hübschem Flechtwerk bereitste-
hen. In anderen Gemächern erblickt man
eine Dame mit ihren Dienerinnen bei der
Toilette, den Hoffriseur bei seiner morgend-
lichen Tätigkeit, Damen beim Brettspiel, 190
beim Tee und Kaffee, Karten spielende und 178,
musizierende Gesellschaften, rauchende 188/189
Herren, den Haushofmeister beim täglichen 187
Rapport.

Jeder Raum hat seine eigene und meist
höchst geschmackvolle und kostbare Aus-
stattung mit eingebauten und gekachelten
Kaminen, seidenen Wandbespannungen
und gerafften Vorhängen, bunten Tapeten
oder solchen aus gepreßtem und vergolde-
tem Leder, mit Bildern und Spiegeln sowie
vielerlei Möbeln für alle nur erdenklichen
Zwecke, dazu alle notwendigen Gerätschaf-
ten. Besonders aufwendig ist das Porzellan- 186
zimmer, in dessen golden gerahmten Wand-
spiegeln sich die zahlreichen, auf geschnitz-
ten Konsolen aufgestellten, zierlichen Ge-
fäße widerspiegeln. Eine fürstliche Kunst-
und Wunderkammer ist ebenso nicht ver-
gessen wie das Kabinett des Hofhistoriogra-
phen oder der Garten im streng geometri-
schen französischen Stil und schließlich das
Hoftheater. Szenenbilder aus dem Erfurter 191
Ursulinenkloster kommen hinzu, war doch
die Fürstin zum katholischen Glauben über-
getreten, so daß auch eine Barockkirche, in
der gerade die Messe zelebriert wird, nicht
fehlt. Die große Zahl der Puppen mit zierli-
chen Wachsköpfen und in zeitgenössischen,
dem jeweiligen Stand zukommenden Klei-
dern machen die Puppenstadt »Mon Plaisir«
erst recht zu einer Attraktion, die – nach
Jahrzehnten der Vergessenheit im 19. Jahr-
hundert – bis heute anhält.

Puppenhäuser zum Spielen

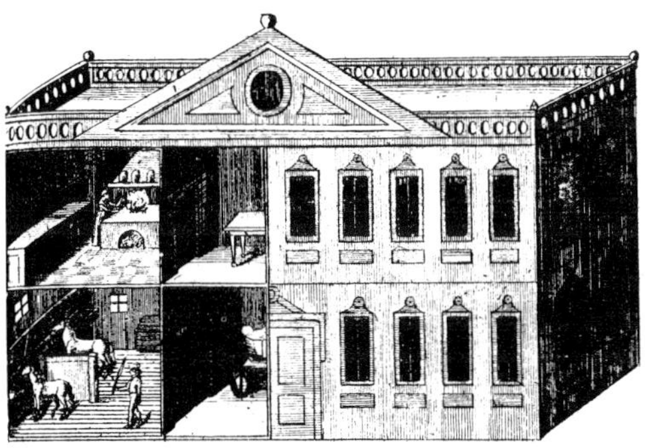

Fig. 26 Puppenhaus. Kupferstich aus: Georg Hieronymus Bestelmeyer »Pädagogisches Magazin . . .«. Nürnberg, 1793ff.

Fig. 27 Zwei Mädchen mit Puppenküche. Kolorierter Kupferstich, 4. Viertel 18. Jahrhundert.

In neun Lieferungen seit 1793 veröffentlichte der Nürnberger Händler Georg Hieronymus Bestelmeyer[219] sein außerordentlich reiches Angebot an Spielzeug jeglicher Art. Dabei beschrieb er jedes Stück und stellte es mit einer winzigen, in Kupfer gestochenen Abbildung vor. Dieser älteste Spielzeugkatalog offeriert – allerdings erst in einer der späteren Lieferungen – sowohl ein hübsch Fig. 26 eingerichtetes Puppenhaus in zwei verschiedenen Größen (Nr. 815, 835) als auch einzelne Zimmer, Küchen und vor allem Kaufläden. Ausdrücklich heißt es für das Haus, »damit Kinder inwendig das Meublement in Ordnung stellen und damit spielen können«. Bei der Küche Nr. 197 betont Bestelmeyer, daß es sich um eine »neue Art von Spielküche« handele; »sie ist viel natürlicher als die bisher gewöhnlichen, indem sie ein Dach mit einem Rauchfang, eine große Tür und zwei Glasfenster hat.« Hingegen sind die Stuben bei Nr. 690 – Bauernstube, Visitenzimmer, Wochenstube, Maskensaal, Gemäldegalerie – aus Pappendeckel ausgeschnitten und zum Zusammenstellen bestimmt. Neben einzelnen Möbeln – z. B. einem Kleiderschrank mit Kleidern (Nr. 540), einem Speise- oder Glasschrank (Nr. 541) – gab es bei Nr. 542 einen zusammenlegbaren Saal mit Möbeln. Allem Anschein nach lag aber das Schwergewicht des Angebots auf den Läden: Nr. 145b Gewürzladen, aus Holz, bemalt, mit vielen Schubladen und zwei Glastüren; Nr. 243 Zinnladen mit zwei beweglichen Figuren, »auf die nämliche Art sind auch Gewürzläden und Apotheken zu haben«; Nr. 301 Glücksbude mit Inhalt; Nr. 357 Modehändlerin mit einer grün lackierten Boutique, darin Kleider, Mäntel, Hüte, Beutel; Nr. 425 Zinnladen zum Auf- und Zumachen, mit verschiedenen Zinnwaren und mit einer Figur; Nr. 564 Kaufmannsgewölbe mit vielerlei Kolonialwaren und Schreibstube daneben; Nr. 565 Kaufmannsgewölbe mit ähnlichem Inhalt (z. B. Zucker und Tabak, in Schubladen, Büchsen, Kübeln), ebenso mit einer Schreibstube; Nr. 582 Laden mit Spielwaren, darin »das meiste, was in das Fach der Spielerey schlägt«, u. a. ein Rauschgoldengel, insgesamt sechzig Stück und eine Frau.

Kaufläden

Zwei der erhaltenen Nürnberger Puppenhäuser des 17. Jahrhunderts – das mit der Jahreszahl 1639 und das aus dem Besitz der 18, 44 Familie Bäumler – enthalten im Erdgeschoß ein »Kaufmannsgewölbe«, wobei das erstere, seinem Zubehör nach, eine »Schreibstube« einschließt. Vom Thema her gehörten also seit dem 17. Jahrhundert Läden und Warengewölbe jedenfalls in das Nürnberger Puppenhaus. Da Läden mit ihrem von vornherein zur Weitergabe bestimmten Inhalt besonders zum Spielen reizen, mag es nur allzu verständlich sein, daß sie bei uns als erste Teile der Häuser – wohl neben der Küche, deren Geschirr und Gerät in ähnlicher Fig. 27 Weise zum Hantieren auffordert – als Spielzeug ausersehen waren, daß fortan Kinder mit ihren mannigfaltigen Waren handeln, sie bewegen, anbieten, verkaufen und sich auf solche Weise spielend an ihnen freuen und mit ihnen beschäftigen konnten. Nicht nur mit der zufälligen Erhaltung dürfte es zusammenhängen, daß das älteste einzelne Lädchen, das wir kennen und das wohl aus der Mitte des 18. Jahrhunderts stammt (im 208, 214 Germanischen Nationalmuseum, Nürnberg), noch ein bloßes Anschauungsobjekt ist: ein äußerlich schlichtes, mit Papiersternen beklebtes Holzkästchen, das aufgeklappt oben einen Laden mit einem Verkäufer und darunter einen mit einer Verkäuferin präsentiert. Jedoch sind alle Waren auf den Regalen befestigte, nur durch bunte Malerei gekennzeichnete Holzstückchen: das Bild eines Ladens also, mit dem man noch nicht spielen kann. Demgegenüber bietet der größere Kolonialwarenladen des Schweizeri- 212/213 schen Landesmuseums, Zürich, der in geschlossenem Zustand gleichfalls ein Kasten, immerhin mit Blumenmalerei, ist, zwar auch noch keine echten Waren, doch sehen etwa die ›Zuckerhüte‹, die von der Decke herabhängen, wie solche aus, man kann sie in die Hand nehmen und damit spielen, als wären sie echt, zudem gibt es richtige Büchsen, Säcke, Schubladen, sogar eine Waage. Bald darauf waren in Bestelmeyers Läden wohl die meisten Waren echte. Die Mode- und Putzläden, von denen er einen anbietet

Fig. 29; 209–211, 215–220 und die in der Biedermeierzeit zu besonders beliebten Geschäften werden, sind heute für uns Fundgruben der köstlichsten Dinge. Mit großer Liebe scheint ihr Inhalt angefertigt, gesammelt und zusammengestellt worden zu sein. Nicht nur Hüte, Hauben, Schleier, Schals, ganze Kleider mit ihrem Zubehör wie Jabots, Kragen, Manschetten und Gürtel, Schnürbrüste, Taschen und Beutel, Fächer, Handschuhe und bunte Bänder werden feilgehalten. Das Angebot ergänzen gestickte Klingelzüge und Kissenplatten, anmutig verzierte Hosenträger und Strumpfbänder, fein gestärkte Kragen und Hemdbrüste für die jungen Kavaliere. In Schrankfächern und Schubladen, auf Haubenständern und über Kleiderbügeln wird alles verwahrt. Hinzu kommen Seidenfäden in großer Auswahl der Farben, Nadeln, Perlen, Haken und Ösen, Knöpfe und Schnallen, und was sonst noch alles die Schneiderin, die Putzmacherin, die nähende Hausfrau an Zutaten gebrauchen.

In der Tat begann mit solchen Läden das Spiel. Sie warteten wahrhaftig auf das Hereinströmen der kindlichen Kundschaft, die wühlen und wählen, probieren und erwerben wollte. Bald tauchen Bäckereien und Metzgereien, Läden mit Korbwaren, mit
Fig. 28, 226 Gläsern und eben mit Spielsachen auf. An sie schließen sich Remisen mit Wagen und Schlitten, Ställe mit Zug- und Reitpferden, Wäschereien und Geflügelhöfe an. Derartiges und noch so manches mehr wurde seit dem frühen 19. Jahrhundert in den meist farbig illustrierten Spielzeugkatalogen[220] angeboten, aus denen wir es fast besser kennen als durch die wenigen erhaltenen Exemplare.

Stuben und Häuser

Zur gleichen Zeit werden die Puppenstuben und Puppenhäuser zu Spielstuben und Spielhäusern. Sie geben die Schaustellung auf und streifen die auf Vollständigkeit bedachte Vorbildlichkeit ihrer Vorgänger ab. Dadurch daß man sie nun zum Spiel nimmt, werden sie allerdings einseitiger, büßen die Dimension ein, die sie zuvor zu einem in sich beschlossenen Bild der häuslichen Welt hatte werden lassen. Diese Welt vermochten die Puppenhäuser des 17., ja noch des frühen 18. Jahrhunderts vorzustellen, die Spielpuppenhäuser des 19. Jahrhunderts enthalten nur noch Teilaspekte davon. Indem sie immer detailgetreuer werden – rühmt doch Bestelmeyer bei seiner Spielküche Nr. 1012 »darinnen laufendes Wasser – Kindern macht dies sehr viel Freude« – , geht die ehemalige Fülle verloren. Weil in den Puppenhäusern des 17. Jahrhunderts eigentlich nichts vergessen zu sein scheint, regen gerade sie die wissende Vorstellungskraft der Erwachsenen an, mit der das Einzelne wie das Ganze mit Leben erfüllt wird. Die in ihrer Mehrzahl für spielende Kinder gedachten neueren Puppenstuben und Puppenhäuser sind Dinge, die von diesen ›traktiert‹ werden müssen, damit sich eine Beziehung ergibt. Erst das spielende Kind kann sie zum Leben erwecken. Ihre einstige Wesensart ist zwar beschnitten. Aber in dieser als Spielzeug notwendigen Beschränkung vermag das Puppenhaus des 19. Jahrhunderts – und ebenso seine verselbständigten Teile – dem Kind die Impulse zu geben, um sich dieses Haus spielend anzueignen. Es war realistisch genug, um die kindliche Phantasie mitspielen zu lassen, ja sie zu evozieren, und es war doch nicht so vollkommen, daß dem Kind nichts mehr dazu einfallen konnte. Aber es war auch nicht so kindisch verspielt, daß es nicht mehr zum Spielen – das heißt stets und vor allem zum Entwickeln kreativer Phantasie – geeignet war. Richtiges kindliches Spiel bedeutet Verlebendigen, Ausdeuten und Hineinlesen voll unendlicher Phantasie. Kindliches Spiel ist wahrhaftig keine Verlegenheitslösung zum Zeitvertreib, keine bloße Beschäftigung, um über die Stunden und Tage hinwegzukommen[221]. Zum richtigen Spiel dienten auch die Puppenhäuser des 19. Jahrhunderts. Gegenüber ihren Vorläufern waren sie bescheidener, eben weil sie nun für Kinder und deren Spiel bestimmt waren.

Die Möbel und sonstigen Einrichtungsgegenstände der Puppenhäuser folgten den Modeströmungen: Biedermeier, Zweites Rokoko, Historismus mit Neorenaissance bzw. dem sogenannten altdeutschen Stil und

Fig. 28 Glasladen. Lithographie aus einem Nürnberger Spielzeugkatalog, 2. Viertel 19. Jahrhundert.

Fig. 29 Zwei Putzläden. Lithographien aus einem Nürnberger Spielzeugkatalog, 2. Viertel 19. Jahrhundert.

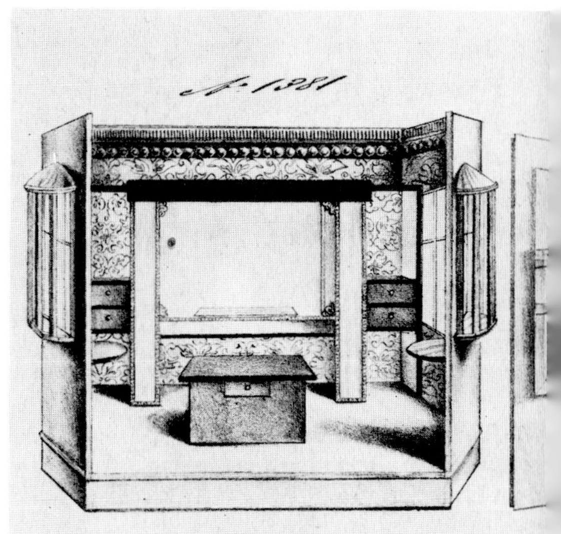

Neobarock, Jugendstil, Neoklassizismus, Neue Sachlichkeit. Manche sind nahezu perfekte Miniaturkopien, andere erwecken allerdings nur den äußeren Anschein der Vorbilder. Wie schon bei Bestelmeyer gibt es sogar aus Pappe nachgemachte Möbel, ja ganze Zimmer und Häuser. Aus Zinn werden nicht nur Lampen oder Blumenständer, sondern ebenso Möbel gegeossen.

Ausklang

Seit langem erregen gerade diese Spielpuppenhäuser und Spielpuppenstuben den besitzergreifenden Enthusiasmus vieler erwachsener Liebhaber und Sammler. Oft scheuen diese sich nicht, zu verschiedenen alten Stücken weitere hinzuzukomponieren, Fehlendes nach ihrem Dafürhalten zu ergänzen und schließlich daraus neue Ensembles zusammenzufügen. So drücken sie ihrer Puppenwelt, mit der sie sich bisweilen fast identifizieren, durchaus ihren eigenen individuellen Stempel auf, der gewiß einen besonderen Charme haben kann. Man muß sich nur hüten, derartige ›Einrichtungen‹ in die Reihe der alten, sei es auch durch mehrere Generationen gewachsenen, Puppenhäuser aufzunehmen.
In England, wo schon die ältesten erhaltenen Puppenhäuser für kleine Mädchen bestimmt gewesen sein sollen, so daß diese wohl deshalb in ihrem Inneren nicht die ganze, ihre Zeit vorstellende Fülle der süddeutschen und holländischen des 17. und 18. Jahrhunderts besitzen, dort werden nun im 19. Jahrhundert hier und dort Puppenhäuser von Damen in Auftrag gegeben und nach ihrem Geschmack erbaut und eingerichtet. Um 1860 ließ sich Mrs. Bryant in Oakenshaw[222] 275–278
ein solches Haus anfertigen mit Küche und einem Wohnzimmer im Erdgeschoß, einem großen Wohnzimmer im ersten Stock und zwei Schlafzimmern im zweiten (im Bethnal Green Museum, London). Hat vielleicht Mrs. Bryant ihr eigenes Haus nachbauen lassen, so wie sich eine Anzahl der englischen »Baby«-Häuser des 18. Jahrhunderts das architektonische Bild der Häuser ihrer Besitzer zum Vorbild nahmen? In beinahe extremer Zuspitzung markiert die gleiche Tendenz das perfekt zu nennende, riesengroße Puppenhaus der Queen Mary aus den frühen zwanziger Jahren unseres Jahrhunderts, das seitdem in Windsor Castle die Besucher anzieht[223]. Oder sollte es etwa ein in unsere Zeit des Perfektionismus verschlagener Nachfahre der Puppenhäuser des 17. und der Arnstädter Puppenstadt des früheren 18. Jahrhunderts sein? Anders steht es mit Titania's Palace[224], jenem Traumpalast, den sich Sir Nevile Wilkinson zwischen 1907 und 1922 en miniature schaffen ließ, der dann lange die Welt durchreiste und zugunsten von wohltätigen Zwecken der staunenden Menge zur Schau gestellt wurde. Nachdem er 1967 ein erstes Mal bei Christie's in London versteigert war, brachte 1978 seine neuerliche Auktion eine unwahrscheinliche Summe ein und bewies einmal wieder, wie hoch der Kurs bei Träumen und Phantastereien steigen kann.

Anmerkungen

[1] *Jacob Stockbauer* Das Dockenhaus in der Kunstkammer Herzog Albrechts V. von Bayern. In: Anz. f. Kunde der dt. Vorzeit NF 26, 1879, Sp. 313–20. – *Otto Hartig* Münchner Künstler und Kunstsachen 2: 1520–1559. In: Münchn. Jb. NF 7, 1930, S. 370/71. – *L. Bayer* S. 8–22, 7 Anm. 50.
[2] *Alexander von Reitzenstein* Die alte bayerische Stadt in den Modellen des Drechslermeisters Jacob Sandtner. München 1967.
[3] Vgl. das Inventar, das 1596 nach dem Tode Erzherzog Ferdinands aufgestellt wurde, abgedruckt in: Jb. d. kunsthist. Slgn. d. Allerh. Kaiserhauses 7, 1888, S. CXXVI–CCCXII; 10, 1889, S. I–X.
[4] *Norbert Elias* Über den Prozeß der Zivilisation. Soziogenetische und psychogenetische Untersuchungen 1. Wandlungen des Verhaltens in den weltlichen Oberschichten des Abendlandes. 2. Aufl. Bern 1969, S. 239/40.
[5] München, Bayer. Staatsbibl. cod. germ. 2133, Nr. 2150–2228.
[6] *Oscar Doering* Philipp Hainhofers Beschreibung des sogenannten pommerschen Meierhofes. In: Zs. d. Hist. Ver. f. Schwaben u. Neuburg 18, 1891, S. 67–86. – *Julius Lessing – Adolf Brüning* Der Pommersche Kunstschrank. Berlin 1905, S. 56–68. – L. Bayer, S. 23–31.
[7] Während L. Bayer (S. 8–22) aus der Inventarbeschreibung einen interpretierenden Rundgang durch das Haus machte, halte ich mich genau an die Ficklerschen Angaben; einige wenige sachliche Erklärungen von L. Bayer habe ich korrigiert.
[8] Wörterbüchlein zum Nutz und Ergötzen der Schuljugend. 2. Aufl. Nürnberg 1733, S. 52. Hier ist jedes Wort von einem erklärenden, in Holz geschnittenen Bild begleitet.
[9] Vgl. dazu *J. Lessing–A. Brüning* (Anm. 6), S. 47, Taf. XXXVI.
[10] *Theodor Distel* Spielsachen für die Kinder des Kurfürsten August von Sachsen. In: Anz. d. f. Kunde d. dt. Vorzeit NF 28, 1881, Sp. 49–51.
[11] *J. Lessing–A. Brüning* (Anm. 6), S. 64–66.
[12] ›Übersetzt‹ zitiert nach *Jacob und Wilhelm Grimm* Deutsches Wörterbuch 7, 1889, Sp. 2247.
[13] *Johann Heinrich Zedler* Großes, vollständiges Universal-Lexicon 23. Leipzig 1741, Sp. 1634.
[14] Archiv des Germanischen Nationalmuseums Nürnberg (zitiert: GNM). Unveröffentlicht.
[15] GNM. Inv.Nr. HB 2243 und HB 24762. L. v. Wilckens, S. 5/6; damals habe ich nicht berücksichtigt, daß Anna Köferlin nach dem kleinen Schuh gemessen hat; deshalb komme ich jetzt zu etwas geringeren Maßen. – L. Bayer, S. 32–34. Frau B. Richter vom Landeskirchlichen Archiv Nürnberg danke ich aufrichtig für die von ihr zusammengetragenen Lebensdaten der Anna Köferlin und ihrer Familie, die bisher unbekannt waren. – Zum leichteren Verständnis des Gedichtes modernisierte ich die Rechtschreibung sowie die Groß- und Kleinschreibung, soweit dadurch nicht Versrhythmus und Reim betroffen sind; notwendige Ergänzungen oder Erklärungen stehen in Klammern.
[16] *Georg Kaspar Nagler* Die Monogrammisten 3. München 1863, Nr. 1181.
[17] *Alfred Sitte* Aus den Inventarien des Schlosses zu Pottendorf. In: Berichte u. Mitt. d. Alterthumsver. zu Wien 40, 1906, S. 119ff., bes. 126.
[18] *Paul von Stetten* Erläuterungen der in Kupfer gestochenen Vorstellungen aus der Geschichte der Stadt Augsburg. Augsburg 1765, S. 163.
[19] *Hans Boesch* Die Puppenhäuser des Germanischen Museums. In: Anz. f. Kunde d. dt. Vorzeit NF 26, 1879, Sp. 233.
[20] *L. v. Wilckens* Ein Modelbuch von 1517 aus dem Nürnberger Clarenkloster. In: Anz. d. GNM 1967, S. 27–29. Ein weiteres handgeschriebenes Nürnberger Modelbuch besitzt die Heidelberger Univ.Bibl. pal. germ. 551.
[21] Theodor Volbehr Ein Puppenhaus. Kaiser-Friedrich-Museum der Stadt Magdeburg. Museumsheft 9. Magdeburg o. J. –*L. Bayer* S. 59.
[22] Inv.Nr. W. 41-1922. Dolls and Dolls' Houses. Victoria and Albert Museum. Small Picture Book 16. London 1950, Abb. 18. – *L. Bayer* S. 54–57. – *J. Latham* S. 33/34. – *E. King* S. 148 (Abb. der Fassade).
[23] *K. Gröber* Abb. 35, Taf. IV. – *Hermann Schmitz* Deutsche Möbel des Barock und Rokoko. Stuttgart 1923, Abb. S. VIII/IX. – *L. Bayer* S. 51–53.
[24] *K. Gröber* Abb. 37, 67, 77. – *L. Bayer* S. 63–65.
[25] *Meta la Roche* Spielsachen im alten Basel. Basel 1958, S. 20/21. – *L. Bayer* S. 76/77.
[26] *L. Bayer* S. 73–76.
[27] Vgl. *L. Bayer* S. 42 u. Anm. 161/62. Jedoch möchte ich betonen, daß dem Maler für das Puppenhausbild der Sadeler-Stich vorgelegen haben muß.
[28] *H. Boesch* (Anm. 19), Sp. 232/33. An dieser Stelle möchte ich davor warnen, die Beschreibungen der Nürnberger Puppenhäuser von E. King (in der deutschen Ausgabe, deren Übersetzung den englischen Text noch weiter verunklärt haben dürfte: S. 145–53) zu übernehmen. Ohne historische Kenntnisse im allgemeinen und im einzelnen hat sich die Verfasserin wahrscheinlich einmal an Ort und Stelle Notizen gemacht und diese dann unkontrolliert abdrucken lassen. So steht vieles mißverstanden und zusammenhanglos da, wird Unwichtiges betont, Charakteristisches übersehen. Es fehlt bereits auch nur der Versuch einer einordnenden und Akzente setzenden Darstellung.
[29] Vgl. Anm. 14.
[30] Die so kluge als künstliche von Arachne und Penelope getreulich unterwiesene Hauß-Halterin. Nürnberg 1703, S. 192/93.
[31] *Georg Steinhausen* (Hrsg.) Briefwechsel Balthasar Baumgartners des Jüngeren mit Magdalena geb. Behaim. Bibliothek des Literarischen Vereins Stuttgart 204. Tübingen 1895, S. 84.
[32] Haushaltungsbuch des Georg Friedrich Behaim. Behaim-Archiv. Depositum im Archiv des GNM. Unveröffentlicht.
[33] Um 1420. Winterthur, Slg. Dr. Oskar Reinhart. *Georg Schmidt–Anna Maria Cetto* Schweizer Malerei und Zeichnung im 15. und 16. Jahrhundert. Frankfurt/M. o. J., Taf. I, S. III. – Um 1460. Basel, Öffentliche Kunstsammlung. Ebd., Taf. 28, S. XVIII.
[34] *Ludwig Grote* Die »Vorderstube« des Sebald Schreyer. Ein Beitrag zur Rezeption der Renaissance in Nürnberg. In: Anz. d. GNM 1954–59, S. 43–67, bes. 57/58.
[35] Aussteuer der Anna Kress (1503–28) im Kress-Archiv. Depositum im Archiv des GNM. Unveröffentlicht.
[36] *Edmund Ungerer* (Hrsg.) Elsässische Altertümer in Burg und Haus, in Kloster und Kirche 2. Straßburg 1917, S. 103.
[37] Haushaltungsbuch des Paulus Behaim. Behaim-Archiv. Depositum im Archiv des GNM. Das meiste veröffentlicht in: Mitt. d. Ver. f. Gesch. d. Stadt Nürnberg 7, 1888, S. 57ff. – Zu »schetter« vgl. S. 48/49.
[38] Mitt. d. Ver. f. Gesch. d. Stadt Nürnberg 7, 1888, S. 152.
[39] *E. Ungerer* (Anm. 36); 1, 1913, S. 127.
[40] *Karen Stolleis* Die Gewänder aus der Lauinger Fürstengruft. Forschungshefte 3. Hrsg. v. Bayer. Nationalmuseum. München–Berlin 1977, S. 158.
[41] *Karl Bräuer* Studien zur Geschichte der Lebenshaltung in Frankfurt a. M. während des 17. und 18. Jahrhunderts 2. Frankfurt/M. 1915, S. 50.
[42] Mitt. d. Ver. f. Gesch. d. Stadt Nürnberg 7, 1888, S. 141.
[43] GNM. Inv.Nr. HB 3095–97. *L. v. Wilckens,* Taf. II–VIII; das dritte (nicht abgebildete) Blatt gibt einen Schnitt durch den zweiten Stock.
[44] Vgl. Anm. 30, hier S. 215/16.
[45] *L. Grote* (Anm. 34), S. 44.
[46] Vgl. Anm. 30, hier S. 190.
[47] *L. Grote* (Anm. 34), S. 45ff.
[48] Mitt. d. Ver. f. Gesch. d. Stadt Nürnberg 7, 1888, S. 79.
[49] Ebd., S. 140.
[50] Ebd., S. 152.
[51] Ebd., S. 141/42.
[52] Vgl. Anm. 32.
[53] Im Löffelholz-Archiv. Depositum im Archiv des GNM. Unveröffentlicht.
[54] Vgl. Anm. 30, hier S. 191.
[55] Ebd., S. 193/94.
[56] *Luisa Hager* Alte Wandbespannungen und Tapeten. Darmstadt 1954. – *Heinrich Olligs* (Hrsg.) Tapeten. Ihre Geschichte bis zur Gegenwart. 3 Bde. Braunschweig 1970.
[57] Vgl. Anm. 43. – *L. v. Wilckens* Taf. VI.
[58] Mitt. d. Ver. f. Gesch. d. Stadt Nürnberg 7, 1888, S. 41–43.
[59] *K. Bräuer* (Anm. 41); 1, S. 172–87.
[60] *Monika Heffels* Die deutschen Handzeichnungen des 18. Jahrhunderts. Kataloge des Germanischen Nationalmuseums. Nürnberg 1969, S. 349–58 Kat.Nr. 427–40, bes. 432, 434, 437.
[61] München, Staatl. Graph. Slg. Inv.Nr. 118321. – *L. v. Wilckens* Taf. I. – *Dieter Kuhrmann* Die Frühzeit des Holzschnitts. Ausst. München 1970, Kat.Nr. 81.
[62] *Theodor Hampe* Gedichte vom Hausrat aus dem 15. und 16. Jahrhundert. In Facsimiledruck herausgegeben. Straßburg 1899.
[63] Ebd.
[64] *J. u. W. Grimm* (Anm. 12). 10, 1. Leipzig 1905, Sp. 1892/93.
[65] *E. Ungerer* (Anm. 36), S. 100/01.
[66] *E. Ungerer* (Anm. 39), S. 169.
[67] Ebd., S. 112–14.
[68] Im Imhoff-Archiv. Depositum im Archiv des GNM. Unveröffentlicht.
[69] *A. F. Butsch* Inventar einer Fuggerschen Hauseinrichtung. In: Zs. d. Hist. Ver. f. Schwaben u. Neuburg 1, 1874, S. 122–31.

[70] *C. Reichardt* Ein bürgerlicher Haushalt im Jahre 1612 eines Wildunger Bürgers im Archiv von Niederwildungen. In: Zs. f. Kulturgesch. 8, 1901, S. 195–217.
[71] *G. Steinhausen* (Anm. 31), S. 244/45.
[72] Ebd., S. 65/66.
[73] Vgl. Anm. 14.
[74] Im Löffelholz-Archiv. Depositum im Archiv des GNM. Unveröffentlicht.
[75] Im Archiv des GNM. Unveröffentlicht.
[76] Vgl. Anm. 53.
[77] Vgl. Anm. 30, hier S. 182/83.
[78] *E. Ungerer* (Anm. 39), S. 112.
[79] Vgl. Anm. 68.
[80] *E. Ungerer* (Anm. 39), S. 54–57.
[81] *Friedrich Schneider* Ein Mainzer Domherr der erzstiftlichen Zeit. Wennemar von Bodelschwingh 1558–1605. Leben, Haus und Habe. Freiburg i. Br. 1907, S. 167.
[82] Im Archiv des GNM. Unveröffentlicht.
[83] Vgl. Anm. 30, hier S. 189/90.
[84] Vgl. Anm. 68.
[85] *L. Gerbing* Ein Schloßinventar des 17. Jahrhunderts. In: Zs. f. Kulturgesch. 4, 1897, S. 198–212.
[86] *J. u. W. Grimm* (Anm. 12); 11, 1, I, 1935, Sp. 469.
[87] *Karl Goedeke* (Hrsg.) Johannes Römoldt. Hannover 1855, S. 42 Vers 1234–40.
[88] *A. Mörath* Das Inventar eines Würzburger Domherrnhofes vom Jahre 1557. In: Anz. f. Kunde d. dt. Vorzeit NF 27, 1880, Sp. 33–38, bes. 34.
[89] *F. Schneider* (Anm. 81), S. 174, 177.
[90] Vgl. Anm. 14.
[91] Vgl. Anm. 62.
[92] Im Imhoff-Archiv. Depositum im Archiv des GNM. Unveröffentlicht.
[93] Im Behaim-Archiv. Depositum im Archiv des GNM. Unveröffentlicht.
[94] Vgl. Anm. 53.
[95] Mitt. d. Ver. f. Gesch. d. Stadt Nürnberg 7, 1888, S. 52.
[96] *L. v. Wilckens* Die textilen Schätze der Lorenzkirche. In: 500 Jahre Hallenchor St. Lorenz. Nürnberger Forschungen 20. Nürnberg 1977, S. 152.
[97] *L. v. Wilckens* Textilien. In: Bayern. Kunst und Kultur. Ausst. München 1972, S. 194.
[98] *E. Ungerer* (Anm. 36), S. 149, 151.
[99] *K. Bräuer* (Anm. 59), S. 160.
[100] Vgl. Anm. 68.
[101] *K. Bräuer* (Anm. 41), S. 46.
[102] *E. Ungerer* (Anm. 36), S. 34.
[103] *A. F. Butsch* (Anm. 69), S. 130.
[104] Vgl. Anm. 14.
[105] *Lindsay Boynton* (Hrsg.) The Hardwick Hall Inventories of 1601. London 1971, S. 37–40.
[106] *F. Schneider* (Anm. 81), S. 167.
[107] *Peter Strieder* Deutsche Malerei nach Dürer. Königstein/Ts. 1966, Farbtaf. auf S. 62.
[108] *Günther Schiedlausky* Essen und Trinken. Tafelsitten bis zum Ausgang des Mittelalters. München 1956, Taf. 43 oben.
[109] *Alfons Ott* Tausend Jahre Musikleben 800–1800. München 1961, Farbtaf. IV, Taf. 50.
[110] *L. Gerbing* (Anm. 85), S. 199, 208.
[111] Vgl. Anm. 68.
[112] *A. Ott* (Anm. 109), Taf. 48.
[113] *L. v. Wilckens* Abb. S. 47.
[114] *Brigitte Volk-Knüttel* Wandteppiche für den Münchner Hof nach Entwürfen von Peter Candid. Forschungshefte 2. Hrsg. vom Bayer. Nationalmuseum. München–Berlin 1976, Farbtaf. 6, Taf. 144/45.
[115] *E. Ungerer* (Anm. 39), S. 125.
[116] *E. Ungerer* (Anm. 36), S. 150.
[117] *L. Boynton* (Anm. 105), passim.
[118] Vgl. Anm. 32.
[119] Im Archiv des GNM. Unveröffentlicht.
[120] *E. Ungerer* (Anm. 36), S. 76.
[121] *Georg Himmelheber* Zweigeschossige Schränke der Spätgotik in Oberdeutschland. In: Münchn. Jb. 3. F. 18, 1967, S. 98, 109 Anm. 2.
[122] *M. Heffels* (Anm. 60), S. 356–58 Kat.Nr. 439.
[123] Vgl. Anm. 30, hier S. 196.
[124] *E. Ungerer* (Anm. 36), S. 156.
[125] *L. Gerbing* (Anm. 85), S. 198, 202.
[126] Vgl. Anm. 74.
[127] *E. Ungerer* (Anm. 36), S. 149, 151.
[128] Vgl. Anm. 93.
[129] *B. Volk-Knüttel* (Anm. 114), Taf. 145.
[130] *K. Bräuer* (Anm. 41), S. 49.
[131] *E. Ungerer* (Anm. 39), S. 173, 162.
[132] *L. v. Wilckens* Taf. III. Vgl. auch Anm. 37.
[133] Vgl. Anm. 14.
[134] *L. Gerbing* (Anm. 85), S. 198–212.
[135] Zuletzt: 1471 Albrecht Dürer 1971. Ausst. Nürnberg 1971, S. 382 Kat. Nr. 708/09. – Germanisches Nationalmuseum. Führer durch die Sammlungen. München 1977, S. 87 Nr. 217 mit Farbabb.
[136] *A. Mörath* (Anm. 88), Sp. 35.
[137] Mitt. d. Ver. f. Gesch. d. Stadt Nürnberg 7, 1888, S. 40–42.
[138] *Wilhelm Loose* (Hrsg.) Anton Tuchers Haushaltbuch 1507–17. Bibliothek des Literarischen Vereins Stuttgart 134. Tübingen 1877, S. 58, 67, 96, 140, 154, 156.
[139] Wörterbüchlein (Anm. 8), S. 59/60.
[140] *Emil Major* Der Basler Hausrat im Zeitalter der Spätgotik. In: Basler Jb. 1911, S. 241–315, bes. 261.
[141] *E. Ungerer* (Anm. 39), S. 87.
[142] *K. Bräuer* (Anm. 41), S. 66–68.
[143] Mitt. d. Ver. f. Gesch. d. Stadt Nürnberg 7, 1888, S. 71.
[144] Inv.Nr. Gm 1463. Führer (Anm. 135), S. 76 Nr. 186 m. Abb.
[145] Vgl. Anm. 30, hier S. 202.
[146] Vgl. Anm. 32.
[147] Vgl. Anm. 30, hier S. 202.
[148] *K. Bräuer* (Anm. 59), S. 175–78.
[149] *E. Ungerer* (Anm. 39), S. 115/16.
[150] *Friedrich Bothe* Frankfurter Patriziervermögen im 16. Jahrhundert. Archiv für Kulturgeschichte. 2. Erg.-Bd. Berlin 1908, S. 32–34. – *Ders.* Stein- und Tonmodel als Kuchenformen. In: Rep. f. Kunstwiss. 43, 1922, S. 80–92. Zuletzt dazu Fritz Arens: Die ursprüngliche Verwendung gotischer Stein- und Tonmodel. In: Mainzer Zs. 66, 1971, S. 106–31 mit weit. Lit. u. Nachweis der in mittelrhein. Museen erhaltenen Model.
[151] Vgl. Anm. 74.
[152] Im Kress-Archiv. Depositum im Archiv des GNM. Unveröffentlicht.
[153] Mitt. d. Ver. f. Gesch. d. Stadt Nürnberg 7, 1888, S. 40–42.
[154] Vgl. Anm. 68.
[155] *K. Bräuer* (Anm. 41), S. 235.
[156] Mitt. d. Ver. f. Gesch. d. Stadt Nürnberg 7, 1888, S. 42.
[157] *W. Loose* (Anm. 138), z. B. S. 33, 35.
[158] Mitt. d. Ver. f. Gesch. d. Stadt Nürnberg 7, 1888, S. 100.
[159] Vgl. Anm. 30, hier S. 483–86. – Schauplatz der Künste und Handwerke 16. Berlin 1788, S. 197–202.
[160] Vgl. Anm. 68.
[161] *C. Reichardt* (Anm. 70), S. 202.
[162] *Th. Hampe* (Anm. 62).
[163] Vgl. Anm. 30, hier S. 203.
[164] Ebd., S. 205.
[165] *K. Bräuer* (Anm. 59), S. 199–211.
[166] Haushaltungsbuch des Lukas Friedrich Behaim. Behaim-Archiv. Depositum im Archiv des GNM. Unveröffentlicht.
[167] Vgl. Anm. 32.
[168] Haushaltungsbuch des Christoph Kress. Kress-Archiv. Depositum im Archiv des GNM. Unveröffentlicht.
[169] Vgl. Anm. 32.
[170] *H. Boesch* Kinderleben in der deutschen Vergangenheit. Monographien zur deutschen Kulturgeschichte 5. Leipzig 1900, S. 51/52.
[171] *A. Butsch* (Anm. 69).
[172] Vgl. Hippolytus Guarinonius (1571–1654): Zur 300. Wiederkehr seines Todestages. Schlern-Schriften 26. Innsbruck 1954.
[173] Vgl. Anm. 30, hier S. 11/12.
[174] Ebd., S. 727–29.
[175] Vgl. Anm. 15.
[176] *J. u. W. Grimm* (Anm. 12); 11, I, 2, 1952, Sp. 1702.
[177] *Ernst Mummenhoff* Geschichtliches über Ackerbau und Gartenwirtschaft in Nürnbergs Umgebung. Vortrag 1895. Abdruck in: *Ders.* Gesammelte Aufsätze und Vorträge. Nürnberg 1931, S. 1–92, bes. 36/37, 46.
[178] Vgl. Anm. 30, hier S. 11.
[179] *Sigrid Flamand-Christensen* Die männliche Kleidung in der süddeutschen Renaissance. Berlin 1934, S. 10–12. – *K. Stolleis* (Anm. 40), S. 55.
[180] Vgl. Anm. 166.
[181] *Gerhard Kaufmann* Stickmustertücher aus dem Besitz des Altonaer Museums. Ausstellungskatalog. Hamburg 1975; vgl. auch die Literaturauswahl auf S. 22 sowie Bespr. v. *L. v. Wilckens* in: Zs. f. Volkskunde 72, 1976, S. 156/57.
[182] *K. Bräuer* (Anm. 41), S. 50/51, 82.
[183] Vgl. Anm. 30, hier S. 39–168.
[184] Ebd., S. 478/79.
[185] Vgl. Anm. 166.
[186] *A. Ott* (Anm. 109), Taf. IV, Abb. 50.
[187] *G. Himmelheber* Spiele. Gesellschaftsspiele aus einem Jahrtausend. Kataloge des Bayer. Nationalmuseums 14. München–Berlin 1972, bes. S. 145ff., 163ff.

[188] Vgl. Anm. 166.
[189] Vgl. Anm. 74.
[190] *Karl Frommann* Eine Christbescherung im Jahre 1619. In: Anz. f. Kunde d. dt. Vorzeit NF 26, 1879, Sp. 354–57.
[191] Vgl. Anm. 23.
[192] Vgl. Anm. 25.
[193] Vgl. Anm. 26.
[194] *Amelia S. Levetus* Dr. Albert Figdor's Collection of Doll's Furniture. In: The Connoisseur 35, 1913, S. 81–88; 37, 1913, S. 17–25. – *K. Gröber,* Abb. 38–41. – *L. Bayer* S. 70–72.
[195] Ebd., S. 72/73.
[196] Vgl. Anm. 24.
[197] Vgl. Anm. 17.
[198] *Muller-Vogelsang* S. 8–19 (auf S. 10–13 übersetzte Wiedergabe des »Führers«), Taf. I–XXVIII. – *I. H. van Eeghen* Het poppenhuis von Petronella de la Court, huisvrouw van Adam Oortmans. In: Amstelodamum 47, 1960, S. 159–67. – *Matty Veldkamp* Het 17de eeuwse poppenhuis in het Centraal Museum. Utrecht 1977.
[199] *Zacharias Konrad von Uffenbach* (1683–1734) Merkwürdige Reisen durch Niedersachsen, Holland und Engelland. 3. Ausg. Ulm 1754, S. 648–51.
[200] *Muller-Vogelsang* S. 19–21, Taf. XXIX–XXXIV. – *I. H. van Eeghen* Het poppenhuis van Petronella Oortman, huisvrouw van Jacob Brandt. In: Amstelodamum 40, 1953, S. 113–16. – *J. H. M. Leeseberg-Terwindt* Poppenhuizen. Dolls' Houses. Facetten der Verzameling 2. Rijksmuseum. Amsterdam 1955, Abb. 8–28.
[201] *Muller-Vogelsang* S. 22–25, Taf. XXXV. – *I. H. van Eeghen* Het poppenhuis van Margaretha de Ruyter, huisvrouw van Ds Bernardus Somer. In: Amstelodamum 40, 1953, S. 137–41. –*J. H. M. Leeseberg-Terwindt* (Anm. 200), Abb. 1–7.
[202] *Beatrice Jansen* Een rondgang door het poppenhuis. A Guide to the Dolls' House. 2. Aufl. Haags Gemeentemuseum 1977.
[203] *Vogelsang-Muller* S. 35–41, Taf. XXXVI–XXXIX. – Kind en spel. Ausst. Prinsenhof. Delft 1953, Kat.Nr. 109, Abb. 13/14.
[204] *Bernard Müller* Das Gontard'sche Puppenhaus im Städtischen Museum. In: Alt-Frankfurt 5, 1913, S. 1–19.
[205] *Henry René d'Allemagne* Histoire des jouets. Paris 1902, S. 131/32.
[206] *K. Gröber* Abb. 152. – Jeux et jouets d'autrefois en Alsace. Ausst. Musée Alsacien. Straßburg 1976, Kat.Nr. 13, Farbtaf. IV: Ton getrocknet, bemalt. 16:25:12 cm. Um 1780.
[207] *J. H. M. Leeseberg-Terwindt* (Anm. 200), Abb. 29–32. – *J. Latham* S. 36.
[208] *V. Greene* 1955, S. 87–89, Abb. 56. – *E. King* S. 167–72.
[209] *V. Greene* 1955, S. 89/90, 99, Abb. 57.
[210] Ebd., S. 99/100, Abb. 58. – *E. King* S. 165.
[211] *J. Latham* S. 163–70. – *E. King* S. 172–74.
[212] *V. Greene* 1955, S. 118/19, Abb. 74/75. – *E. King* S. 174–78.
[213] *V. Greene* 1955, S. 108, 117/18, Abb. 72/73.
[214] Ebd., S. 122/23, Abb. 79/80.
[215] Ebd., S. 50, Abb. 16.
[216] *F. Gill Jacobs* S. 126–28, Abb. 40–43. – *E. King* S. 195.
[217] *K. Gröber* Abb. 65/66. – *F. Gill Jacobs* S. 137/38, Abb. 45/46. – *E. King* S. 184, 186.
[218] *K. Gröber* Das Puppenhaus der Fürstin Augusta Dorothea von Schwarzburg-Arnstadt. Der Eiserne Hammer 6. Königstein/Ts. 1934. – *Wolfgang Leber* Die Puppenstadt Mon Plaisir. Museen der Stadt Arnstadt 1975.
[219] *Georg Hieronymus Bestelmeyer* (gest. 1852) Pädagogisches Magazin zur lehrreichen und angenehmen Unterhaltung der Jugend. Nürnberg 1793 ff.; später als: Magazin von verschiedenen Kunst- und anderen nützlichen Sachen. Lieferung 1–9. Schnell folgen »neue, verbesserte« Auflagen der einzelnen Lieferungen.
[220] Dazu ausführlich und mit Nachweisen sowie Literatur *Manfred Bachmann* Das Waldkirchner Spielzeugmusterbuch. Neu herausgegeben und kommentiert. Leipzig (München) 1977. Vgl. auch *Karl Ewald Fritzsch* Motive des Spielzeugs nach erzgebirgischen Musterbüchern des 19. Jahrhunderts. In: Sächs. Heimatbll. 11, 1965, S. 499–576 mit 81 Abb.
[221] Zur Nürnberger Spielzeugmesse 1978 stellte *Dieter Hasselblatt* in der Frankfurter Allgemeinen Zeitung vom 25. 2. 1978 fest, daß heute »die (Spielzeug-)Branche Spiel und Spielen von vornherein als Niedlichkeit und Beiläufigkeit versteht . . ., nicht (als) Entfachen von Phantasie und Kreativität«.
[222] *J. Latham* S. 29, 183. – *V. Greene* 1955, S. 199. – *E. King* S. 236, 241/42.
[223] *Clifford Musgrave* Queen Mary's Dolls' House. London 1967.
[224] Titania's Palace. Illustrated Catalogue. Auktion Christie, Manson & Woods Ltd. London 10. 1. 1978.

Literaturverzeichnis

Auswahl allgemeiner Puppenhausliteratur in chronologischer Reihenfolge:

Samuel Muller – Willem Vogelsang Holländische Patrizierhäuser. Utrecht 1909. Zitiert: Muller-Vogelsang

Karl Gröber Kinderspielzeug aus alter Zeit. Eine Geschichte des Spielzeugs. Berlin 1928. Zitiert: K. Gröber

Flora Gill Jacobs A History of Doll Houses. Four Centuries of Domestic World in Miniature. New York 1953. Zitiert: F. Gill Jacobs

Vivien Greene English Dolls' Houses of the Eighteenth and Nineteenth Centuries. London 1955. Zitiert: V. Greene 1955

Leonie von Wilckens Tageslauf im Puppenhaus. Bürgerliches Leben vor dreihundert Jahren. München 1956. Zitiert: L. v. Wilckens

Lydia Bayer Das europäische Puppenhaus von 1550–1800. Geschichte und Formen, ein Spiegelbild der gleichzeitigen Wohnkultur. Diss. Würzburg 1962 (Teildruck). Zitiert: L. Bayer

Jean Latham Dolls' Houses. A Personal Choice. London 1973. Zitiert: J. Latham

Vivien Greene Family Dolls' Houses. London 1973

Eileen King Dolls and Dolls' Houses. London 1977 (deutsch: Zürich 1977). Zitiert: E. King

Register

Das Register berücksichtigt nur den Textteil

Photonachweis

Den Aufnahmen von Helga Schmidt-Glassner, Stuttgart, wurden noch folgende hinzugefügt:

Altonaer Museum, Hamburg 266
Gemeentemuseum, Den Haag Fig. 25
Germanisches Nationalmuseum, Nürnberg Fig. 1–5, Fig. 7–24, Fig. 26, Fig. 27, Fig. 29
London Museum, London 159
Nürnberger Spielzeugkatalog Fig. 28
Rijksmuseum, Amsterdam 96–104
Staatliche Graphische Sammlung, München Fig. 6

Bildteil

1

Nürnberger Puppenhaus mit Jahreszahl 1611
Nürnberg, Germanisches Nationalmuseum
Abbildung 1–13

◁ 2 Das Datum 1611 findet sich im Saal des Erdgeschosses über dem Fensterausblick des Wandbildes mit tafelnder und Karten spielender Gesellschaft

Zu Seite 73:
1 Zu den drei Hauptstockwerken kommen ein Keller- und ein Speichergeschoß

◁ 3 *Auf die eine Kellertür ist eine Magd gemalt, die ein bereits entkleidetes Kind in die nahe Badestube führt*

4 *Im Hof spendet ein bunt bemalter Wandbrunnen Wasser für den Ziergarten*

5 *Vergoldete Dockengeländer fassen die Laubengänge ein*

6 Unter der Treppe ist das »heimlich Gemach« eingebaut

7 Den Treppenvorplatz (Soller) verbinden jeweils architektonisch gerahmte Türen mit den angrenzenden Räumen ▷

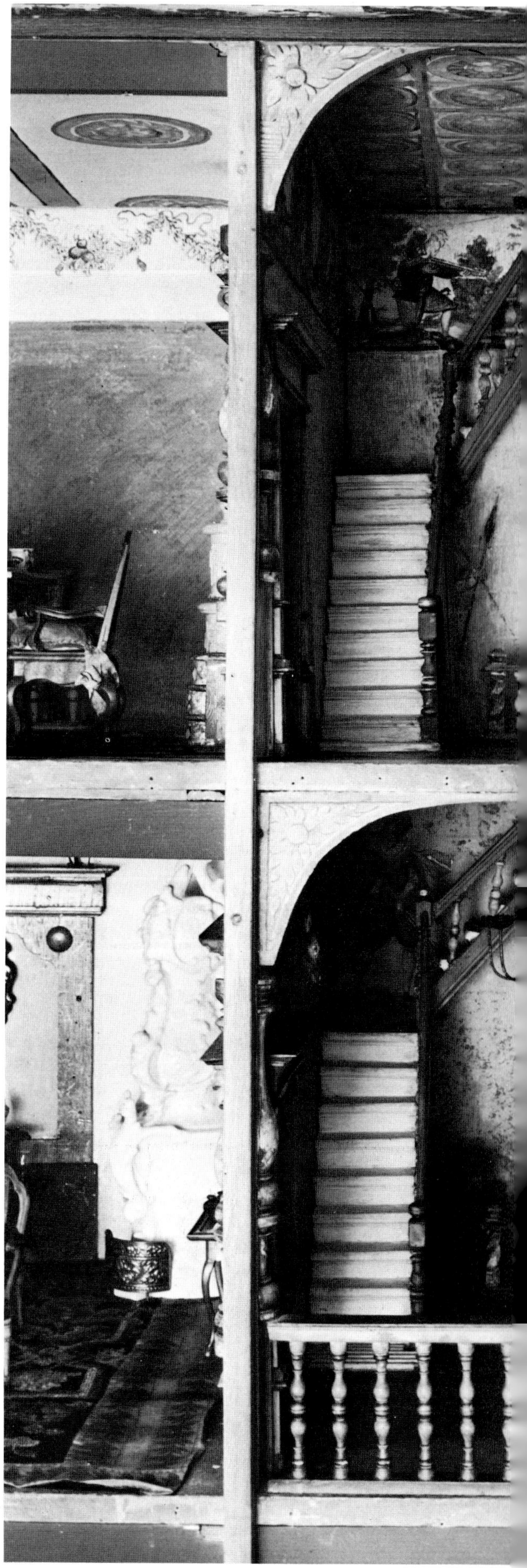

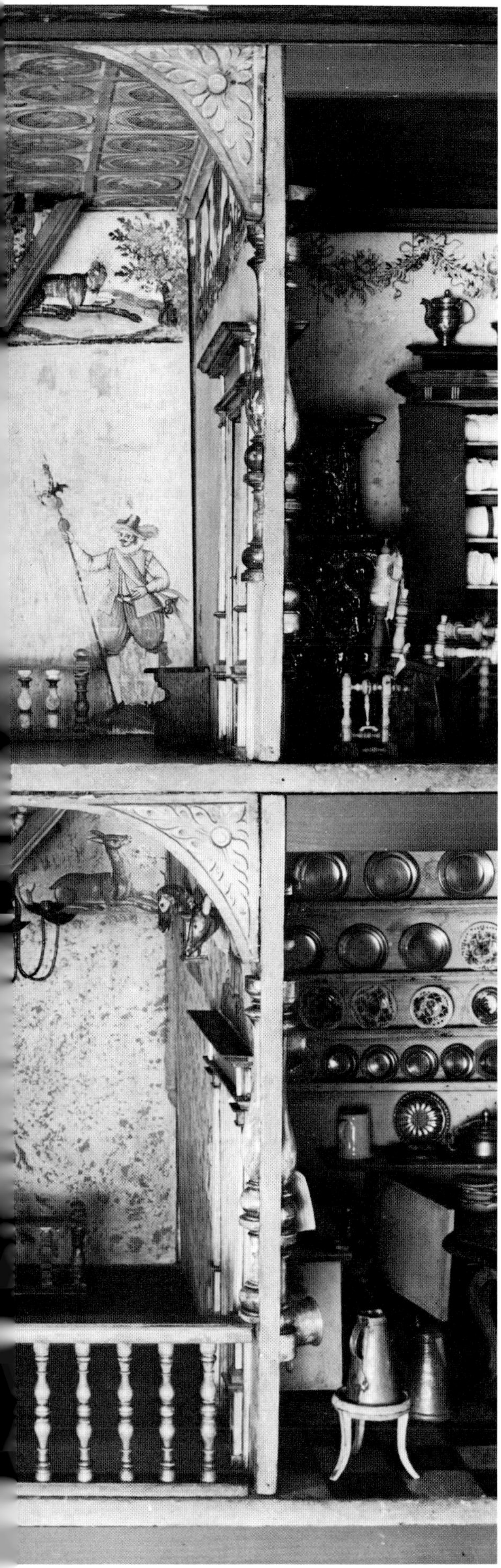

8 Jagdszenen, Bilder von Mägden und reisigen Knechten schmücken die Wände des Treppenhauses

9 Das linke Zimmer im zweiten Stock mit seinem prächtigen Barockbett erhielt sogar nach 1800 noch einige Einrichtungsstücke (vgl. Abb. 227)

10 Die Prunkstube vermittelt dagegen den unveränderten Eindruck des 17. Jahrhunderts ▷

11, 12 Um die Mitte des 18. Jahrhunderts blieben bei der ›Modernisierung‹ der Wohnstube die gemalten Girlanden über der Wandtäfelung ebenso erhalten wie die getäfelte Decke

13 Das große Wandbild im Erdgeschoßsaal geht teilweise auf einen Stich von Jan Sadeler d. Ä. (vgl. Fig. 3) zurück

12 △

13 ▽

Nürnberger Puppenhaus von 1639
Nürnberg, Germanisches National-museum
Abbildung 14–31

15 Der Löwe im Gitter des Ovalfensters ließ sich bisher nicht als Wappentier des ursprünglichen Besitzers identifizieren

16 Der Stall ist nur von außen durch eine Nebentür zugänglich ▷

◁ *14 Die Jahreszahl des besonders einheitlich erhaltenen Hauses findet sich an der mittleren Dachgaube*

17 Im Sockelgeschoß sind links übereinander Vorrats- und Magdkammer sowie Stall und Weinkeller untergebracht

18 Rechts finden sich Kinderzimmer und eine weitere Magdkammer sowie der Laden mit Schreibstube und die Waschküche

19 Die Waage mit mehreren Gewichtssätzen und das Hausbrett kommen aus der Küche

20 »Jornal« und »Schultbuch« tragen die Jahreszahl 1640

19 △

20 ▽

21 Die über der Täfelung angebrachten Bilder stellen die Muttergottes und allegorische Personifikationen der Tugenden dar

22 Kinderbett, Hängewiege, Stühlchen und Laufstuhl gehören in die Kinderstube

23 Auf dem Soller im ersten Stock steht der wohlgefüllte Wäscheschrank

24 Die Kassettendecke der Prunkstube ist noch aufwendiger als die der Wohnstube

25 Der kleine Vorratsschrank hat seitlich zwei Fliegengitter

26 △

27 ▽

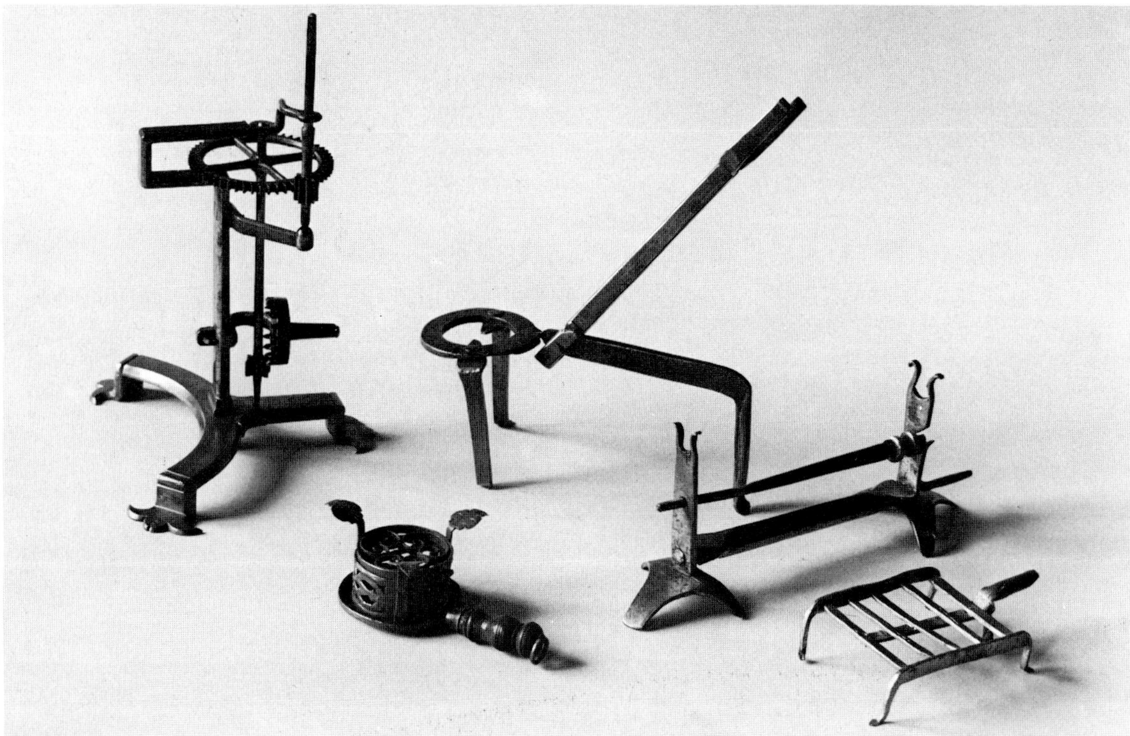

26 Der Platz für den Kachelofen wurde bei der Täfelung der Wände ausgespart

27, 28 In der Küche brauchte man für das noch lange übliche Kochen über dem offenen Feuer: Bräter, Pfannendreifuß, Bratrost; für geringere Hitzeentwicklung diente die Glutpfanne

28

29 Das Kammfutter hält Kämme und Bürsten und ist ebenso reich verziert wie der zugehörige Spiegelrahmen

30 Neben dem Waschschrank steht am Boden eine kupferne Bettpfanne

31 Vor dem hochgetürmten, von grünen Seidenvorhängen umgebenen Bett ist der Nachtstuhl nicht vergessen ▷

Nürnberger Puppenschrank des 17. Jahrhunderts
Nürnberg, Germanisches Nationalmuseum
Abbildung 32–36, 42, 43

32 Betten standen nicht nur in der eigentlichen Schlafstube

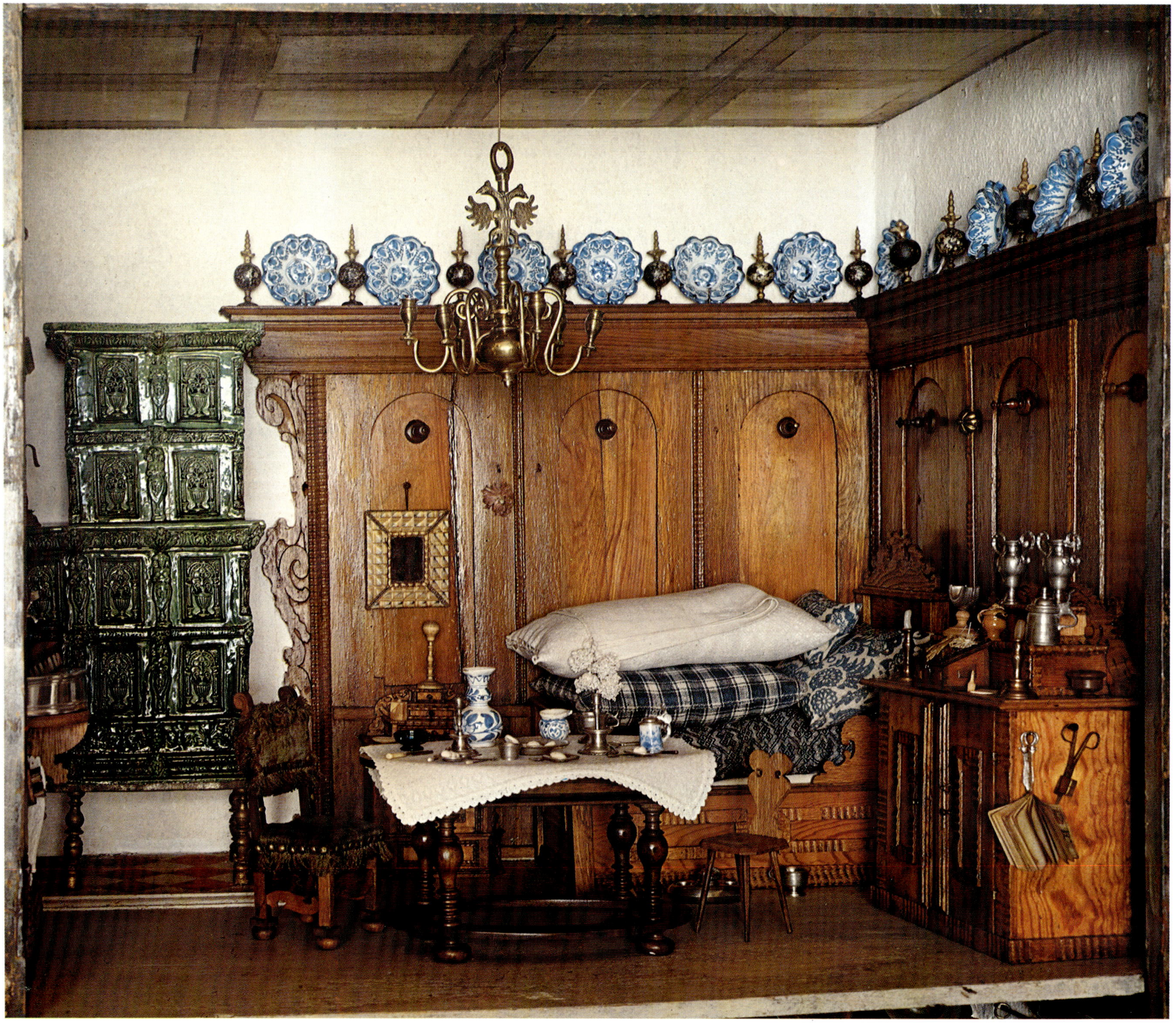

33 Eine geräumige Küche und eine Wohnstube sind übereinander angeordnet

34 In der Küche gibt es Geschirr und Gerät aus Zinn und Kupfer, Messing und Eisen, Holz und Keramik

35 △ 36 ▽ 37 ▽

35, 36 Die blaubemalten Fächerschüsseln sind Erzeugnisse der Nürnberger Fayencemanufaktur

37 Mit aller handwerklichen Präzision sind Klöppelkissen mit Ständer, Haspel und Garnwinden gefertigt

38 △

39 ▽

38, 39 Zinnkannen und Spanschachteln folgen ebenso in allen Einzelheiten ihren großen Vorbildern

40, 41 Bei den Spinnrädern scheint der Drechsler seinen ganzen Ehrgeiz eingesetzt zu haben, um kleine Meisterwerke zu schaffen

42 Der hohe, grünglasierte Kachelofen ist ein besonderes Prunkstück

43 Aufgeleimte Profil- und Flammleisten schmücken die Kredenz ▷

Nürnberger Puppenhaus des späteren 17. Jahrhunderts
Nürnberg, Germanisches Nationalmuseum (Leihgabe Bäumler)
Abbildung 44–53

44 Der Laden bietet nicht nur Kolonial- und Apothekerwaren, sondern auch alle Arten von Papier

45 Die Treppen sind bei diesem Haus im rückwärtigen Teil verborgen vorzustellen

46 Die Tür in der Rückwand des Stalles führt in die Knechtkammer

45 △

46 ▽

47 Erst vor einigen Jahren wieder freigelegte dunkelrotgrundige Malerei zeichnet das Haus innen und außen aus

48 △

49 ▽

48 Nur dieses Haus besitzt an den Seiten Butzenscheibenfenster, durch die das Licht gedämpft eintritt

49 Die auf den Gesimsen lehnenden Porträts stammen aus dem frühen 18. Jahrhundert

50 Die Korbwaren mögen aus der Gegend von Lichtenfels gekommen sein

51 *Die Blechkutsche gelangte erst im 19. Jahrhundert auf den Hof*

52 *Hinter der Schubkarre steht eine Schnitzelbank*

53 *Die Malerei seiner Wände schließt den Hof mit der tiefen, rückwärtigen Gartenperspektive zusammen*

51 △

53 ▽

Nürnberger Puppenhaus des 17./18. Jahrhunderts aus dem Besitz der Kress von Kressenstein
Nürnberg, Germanisches Nationalmuseum
Abbildung 54–59

◁ 54 *Der mit Elfenbein zierlich eingelegte Tisch ist zum festlichen Mahl gedeckt*

55 *Anscheinend gehörten die beiden Giebel nicht ursprünglich zu dem Haus* ▷

Zu Seite 104, 105:
56, 57 *Ein niedriges Dockengeländer grenzt vorn alle Räume ein. Puppen mit Wachsköpfen aus dem 18. Jahrhundert bevölkern das Haus*

56

57

58, 59 In der Wohnstube ist die Polsterung der Sessel mit bunter seidener Petit-Point-Stickerei bezogen

Nürnberger Puppenhaus von 1673
London, Bethnal Green Museum
Abbildung 60, 61

60 △

60 Mit zwei Flügeln läßt sich die Fassade öffnen

61 ▽

61 Über Prunkküche, an die hinten zwei Kammern angebaut sind, und Küche liegen Schlaf- und Wohnstube

62 Das heute noch spielbare Spinett gehört in das Nürnberger Puppenhaus von 1639 (vgl. Abb. 14–31)
Nürnberg, Germanisches Nationalmuseum

63 Der mit Brokatpapier beklebte Paravent dieses Hauses stammt allerdings erst aus dem frühen 18. Jahrhundert
Nürnberg, Germanisches Nationalmuseum

64 Schon im 17. Jahrhundert waren buntbemalte Schränke beliebt
Nürnberg, Germanisches Nationalmuseum

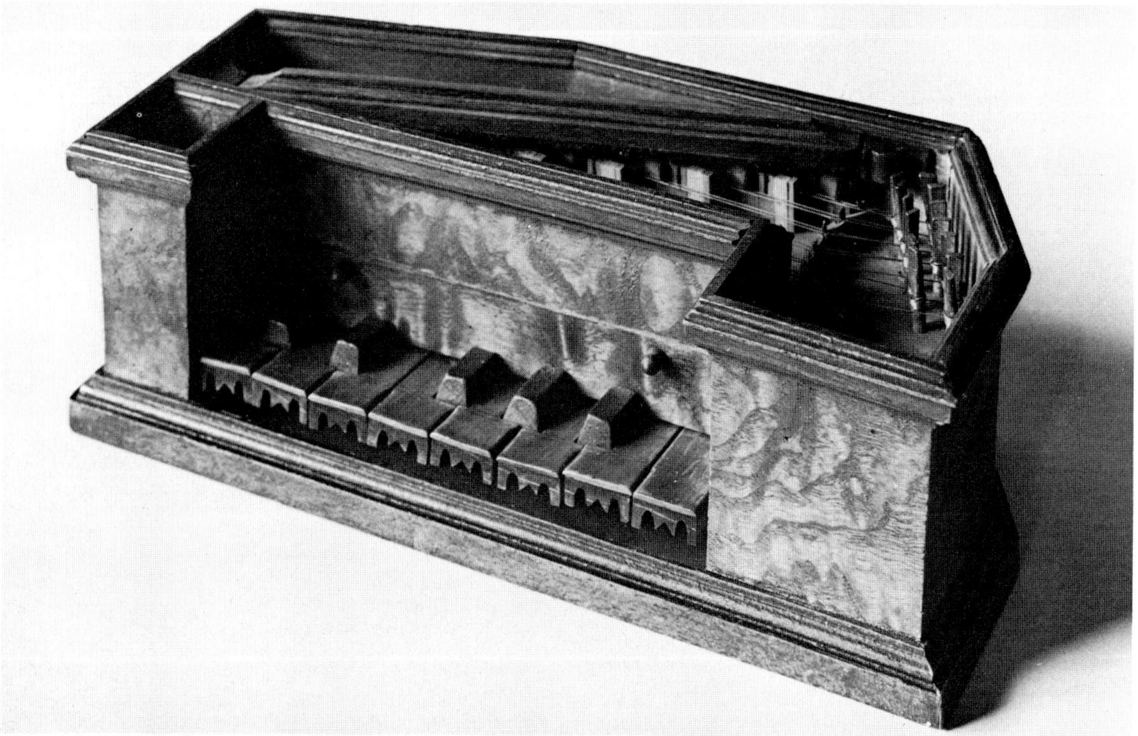

62 △

64 △

63 ▽

Zwei Nürnberger Puppenstuben mit Küche,
1. Hälfte 17. Jahrhundert
Nürnberg, Germanisches National-museum
Abbildung 65, 67–69

65 *In vielen Küchen stand ein vergitterter Kasten für Geflügel*

66 △

67 △

66 *Auf dem geschnitzten Kopfbrett des Schweizer Puppenbettes steht: »Wan Gott mit unß / wer will wider unß«.*
Zürich, Schweizerisches Landesmuseum

67 *Schreinerarbeit, textile Ausstattung und die Malerei des Himmels machen das Nürnberger Himmelbett zu einem Prunkstück (vgl. Abb. 69)*

68 *Der Aufsatzschrank ist der Einrichtung der Prunkstube im Nürnberger Puppenhaus von 1611 (vgl. Abb. 10) nahverwandt*

68 ▽

69 Die Medaillons auf der Innenseite des Himmels zeigen biblische Szenen (vgl. auch Abb. 67)

70

Straßburger Puppenhaus, um 1680
Straßburg, Musée de l'OEuvre de Notre Dame
Abbildung 70–76

71 Vier Räume sind in einem Schrank mit hohem Sockel untergebracht

72 Über einem Wohnzimmer und dem Hof mit Stall liegen die Küche und ein weiteres Wohnzimmer

◁ *70 Über dem Kachelofen hängt ein Trokkengestell von der Decke der Wohnstube herab*

71 △ 72 ▽

73 Die elsässischen Möbel sind reich dekoriert

74 Vom gepflasterten Hof führt eine Falltür in den Keller

75 Küche und oberes Wohnzimmer haben Fenster an der Rückwand

76 Auch um den Rauchfang des Herdes hängt ein Gestänge

Basler Puppenhaus des späten 17. Jahrhunderts Basel, Historisches Museum im Haus zum Kirschgarten Abbildung 77–84

78 Die Kerzenarme des mächtigen Kronleuchters sind in zwei Reihen angeordnet

◁ 77 Drei Räume sind übereinander in einen 152 cm hohen Schrank mit Tür eingebaut

79, 80 Die Täfelung und der breite Wandstreifen darüber sind im Wohnzimmer mit Rankenwerk bemalt

81 Drei wuchtige gedrehte Säulen charakterisieren den oberrheinischen Barockschrank

82 Im abgeteilten rückwärtigen Teil des Kellers lagern Fässer, im rechten Brennholz

83 Die Küchenwände sind bis in halbe Höhe gekachelt

84 Der Herd aus grünglasierter Keramik mit der Jahreszahl 1768 wurde erst neuerdings in die Küche gestellt ▷

85 Die Puppenküche mit mehrstufigem Herd aus dem Besitz einer St. Galler Familie zeigt, daß bis gegen Mitte des 19. Jahrhunderts deren Einrichtung fast die gleiche blieb
Zürich, Schweizerisches Landesmuseum

Puppenhaus der Petronella de la Court, Amsterdam, um 1674–90
Utrecht, Centraalmuseum
Abbildung 86–95

86 Die Kunstkammer ist angefüllt mit kostbaren Schätzen und Seltenheiten

◁ *87 Die vornehmsten Räume des in einem Schrank eingerichteten ›Hauses‹ liegen im ersten Stock*

88 In die Rückwand der Küche sind eine Wasserkammer und ein »secret« eingebaut

89 Samt ihren Rahmen sind die gemalten oder aus Elfenbein geschnitzten Bilder und die Figuren an den Wänden der Wochenstube ebenso erlesen wie das Geschirr aus Porzellan

90 Die Wände des Empfangszimmers sind mit Landschaftsbildern von Frederik de Moucheron bespannt

91 In der Wäschekammer unter dem Dach wirken drei Mägde

92 *Geschnitzte Elfenbeinfiguren von Glaube und Hoffnung zieren die Türen des Kabinettschrankes*

93 *Elfenbeinreliefs mit Passionsszenen rahmen die Darstellung des Jüngsten Gerichts*

94 *Umgeben von Akten und Folianten, arbeitet im Zwischenstock der Hausherr im bequemen Hausrock*

95 *Das Schlafzimmer ist mit prachtvollen Seidenstoffen ausgestattet*

Puppenhaus der Margaretha de Ruyter,
Amsterdam, 4. Viertel 17. Jahrhundert
Amsterdam, Rijksmuseum
Abbildung 96–98

96, 97 Rotgrundiger, bedruckter Chintz verkleidet die Wände und das mit Federbüschen besteckte Bett der Wochenstube. Die zeitgenössischen Puppen blieben als Hausbewohner erhalten

98 Mit Wochenstube und Wohnzimmer liegen die vornehmen und deshalb höheren Räume im mittleren Geschoß ▷

Puppenhaus der Petronella Oortman, Amsterdam, Ende 17. Jahrhundert
Amsterdam, Rijksmuseum
Abbildung 99–104

99 Gemälde des Hauses aus dem frühen 18. Jahrhundert von Jacob Appel (1680–1751)
Amsterdam, Rijksmuseum

100 Die weiten Landschaften an den Wänden des Empfangszimmers schuf Nicolaas Piemont

◁ 99

100 △

101 Die bemalte Platte des Klapptisches ist 24 cm hoch

102 Den Rauchfang des Zimmers mit gestickten Wandverkleidungen schmückt ein Gemälde von J. Voorhout ▷

101 ▽ 102 ▷

103 In der getäfelten Wochenstube sind neben dem breiten Alkovenbett eine Garderobe und ein Wandschrank eingebaut

104 Wie in Nürnberg fanden auch in Holland die Hausfrauen Gefallen an einer Prunkküche, in der das feine Geschirr zur Schau gestellt wurde

Puppenhaus der Sara Ploos van Amstel, Amsterdam, 1743
Den Haag, Gemeentemuseum
Abbildung 105–131

105 Ein Schrank mit kommodenartigem Sockel birgt das Puppenhaus

106 Die geöffneten Türen geben den Blick auf das 1743 aus älteren und neuen Teilen zusammengefügte ›Haus‹ frei

105 △

106 ▽

◁ *107 Die geschnitzte Bank im Hausgarten stammt aus einem Kabinett des späten 17. Jahrhunderts*

108 Gemalte Perspektiven weiten den Garten nach drei Seiten

109 △

109, 111, 114 Der Wäscheschrank der Wochenstube, für die 1743 ältere Puppen teilweise neu eingekleidet wurden, besitzt fast die gleiche Form wie der große, der das ganze ›Haus‹ aufnahm (vgl. Abb. 105, 106)

110 Auch hier befinden sich die vornehmsten Räume im mittleren Geschoß, doch gehört die Wochenstube nicht dazu

112, 113 Auf dem Vorplatz im ersten Stock täuscht die Malerei von Wänden und Decke reiche Stuckarbeit vor

110 ▽

111 △

112 △

113 △

114 ▽

115 *Neben kostbarem Geschirr aus Delfter Fayence und aus japanischem Porzellan gibt es Steinzeug*

116 *Unter dem Metallgerät findet sich manches Stück aus Silber*

117, 118 *Korbwaren in den verschiedensten Formen sind mit mancherlei Mustern aus Rohr geflochten*

115 △

116 △

117 △

118 ▽

119 Die Küche mit ihrem hinteren Wandschrank für das Zinngeschirr kam 1743 aus einem älteren Kabinett

120 △

121 △

122 ▽

120 Selbst bei dem Kästchen aus Silberfiligran vergißt man, daß es winzige Dimensionen besitzt

121 Das Oval der Tischplatte zeigt Lackmalerei im chinoisierenden Stil des späten 17. Jahrhunderts

122 Frau Ploos van Amstel ließ den Kasten des Cembalos im Musiksaal neu bemalen

123 An den mit weiten Landschaften geschmückten Wänden des Musiksaales hängen sechs Silberleuchter (Blaker)

124, 125 Im Porzellanzimmer sind holländische Imitationen aus Opakglas des geschätzten blau-weißen China-Porzellans und zart reliefiertes Blanc de Chine ausgestellt; die hohen seitlichen Spiegel vervielfältigen die Schätze

126 In die Rückwand des Porzellanzimmers wurde ein älterer Sammlungsschrank eingebaut

127 Spielkarten, Würfel mit zugehörigem Becher, Schachbrett und Tonpfeife dürfen nicht fehlen

128 Erlesen ist sogar das mannigfaltige Küchenzubehör

129 Für den Kamin und zur Beleuchtung ist silbernes Gerät vorhanden

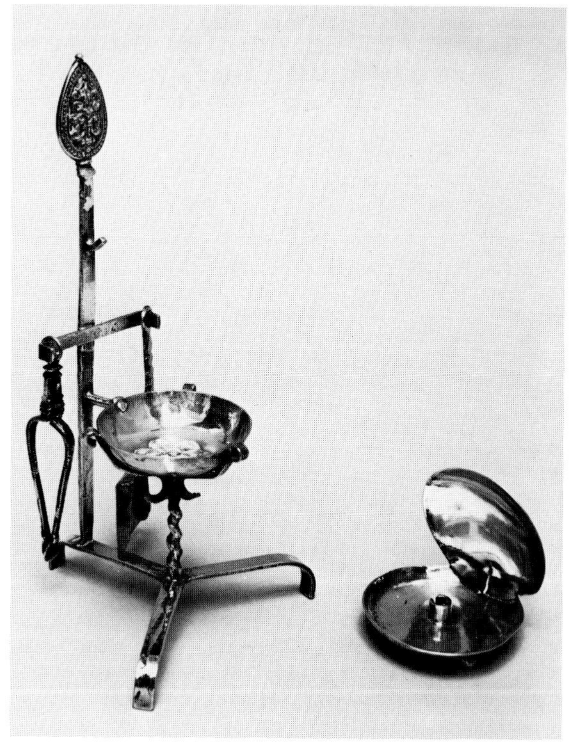

130 In der hohen Standuhr auf dem Vorplatz weist eine Taschenuhr die Zeit; der Sammlungsschrank birgt eine Kollektion Muscheln

131 In einem barocken silbernen Kühlbecken stehen verschiedene Flaschen von typisch holländischer Form des späten 17. Jahrhunderts

Puppenhaus aus der Sammlung Blaauw, Mitte 18. Jahrhundert
Haarlem, Stedelijk Museum
Abbildung 132–135

132 Die sogenannte Kapelle im mittleren Geschoß

133 Erst wenn Außen- und Innentüren des bergenden Schrankes geöffnet sind, präsentiert sich das Puppenhaus in vier Geschossen (das unterste ist hier nicht sichtbar) ▷

134 Die rechte hintere Ecke des Eßzimmers

135 In der rückwärtigen Nische des Eßzimmers wird Silbergerät dekorativ zur Schau gestellt

Gontardsches Puppenhaus, 17.–19. Jahrhundert
Frankfurt am Main, Historisches Museum
Abbildung 136–143

136 Gestell und Rahmen des Kastens wurden erst in der Mitte des 19. Jahrhunderts angefertigt

137 Dieses Haus zeigt besonders deutlich seine verwandelnde Benutzung im Laufe von 200 Jahren

136 △ 137 ▽

138 Die gemalte barocke Gartenperspektive in der heutigen Vorratskammer weist offenbar auf vorgenommene Veränderungen

139 Im Schlafzimmer gehören der Kachelofen und in seiner Anlage der Überbauschrank zur Ausstattung des 17. Jahrhunderts

140 In der Eingangshalle stammen Treppe und Puppen aus dem 19. Jahrhundert

◁ 141 *Auf dem oberen Treppenvorplatz stehen Wäschepresse und Kelter nebeneinander*

142 *Die über einem profilierten Gesims barock bemalte Decke paßt kaum zu der darunter eingerichteten Küche*

143 Der wuchtige Kamin der Wohnstube erinnert an die holländischen Puppenhäuser

Englische Puppenhäuser des 18. Jahrhunderts Abbildung 144–163

*144 Die palladianische Puppenhausfassade stammt aus dem frühen 18. Jahrhundert
Oxford, Sammlung Vivien Greene*

145–149 Das Haus der Sarah Fetherstonhaugh geb. Lethieullier, um 1740
Uppark

145, 146 Alle Zimmer sind weiß getäfelt; das Tischgerät ist aus Silber
147 Jeder der neun Räume des Hauses läßt sich mit einer eigenen ›Tür‹ in der Fassade öffnen
148 Auch zu den englischen Puppenhäusern gehört meist eine Wochenstube
149 Im Erdgeschoß sind die Räume besonders niedrig

145 △

146 ▽

148 △

149 ▽

150

150–152, 156 Puppenhaus der Familie Tate, um 1760
London, Bethnal Green Museum

150, 152 Häuser in der südenglischen Grafschaft Dorset waren Vorbild für seine äußere Gestalt
151 Wie bei dem rund zwei Jahrzehnte älteren Blackett-Puppenhaus (vgl. Abb. 157) führt eine vor den Sockel gestellte Freitreppe zum Haupteingang im ersten Stock

151 △

152 ▷

153–155 Nur im Format unterscheiden sich englische Puppenhausmöbel von ihren größeren Brüdern der Zeit um 1650 bis 1700
London, Bethnal Green Museum

153 △

154 ▽

156 Die Einrichtung des Tate-Hauses aus dem letzten Drittel des 18. Jahrhunderts wurde um 1830 modernisiert

157–159 Puppenhaus der Familie Blackett, um 1740–45
London, London Museum
157 Wie in den Küchen der holländischen Puppenhäuser ist der Herd wie ein Kamin gebaut
158, 159 Bemalte Papiertapeten zeichnen das Haus aus

◁ 157 158 △

159

160 △

161 ▽

160 Auch bei diesem schlichten Puppenhaus des späten 18. Jahrhunderts wird die Fassade in Teilstücken geöffnet
Oxford, Sammlung Vivien Greene

161 Dies ist jedoch kein Puppenhaus, sondern ein Kinderkleider- und -wäscheschrank von 1709
London, Bethnal Green Museum

162 Der Eingang des Cane-End-Puppenhauses (vgl. Abb. 252)
Oxford, Sammlung Vivien Greene

163 Die meisten kleineren englischen Puppenhäuser stehen wie Kabinettschränke auf einem Tischgestell
Oxford, Sammlung Vivien Greene ▷

Puppenhaus in Italien aus dem 18. Jahrhundert
Bologna, Museo d'arte industriale
Abbildung 164–168

164 △

165 ▽

166 ▽

164–168 Das einstöckige, von allen Seiten einzusehende Puppenhaus gibt einen vornehmen Bologneser Palazzo wieder, mit geschnitzter, bemalter, teilweise vergoldeter wandfester Einrichtung und ebensolchen Möbeln

Die Puppenstadt »Mon Plaisir« der Fürstin Augusta Dorothea von Schwarzburg, 1. Hälfte 18. Jahrhundert Arnstadt, Schloßmuseum Abbildung 169–191

169, 170 Reges Marktleben entfaltet sich in zwei Geschossen übereinander

171 Auf einem Leiterwagen werden Mehlsäcke für den Bäcker vorgefahren

172, 175 Über dem Weber schafft der Drechsler, ihre Frauen helfen bei der Arbeit

173 In der Apotheke stehen die notwendigen Ingredienzien und Produkte sowie die erforderlichen Gerätschaften bereit, um die Rezepte des Arztes ausführen zu können

174 Eine abgerissene Bettlerin bittet die Fleischersfrau um eine Gabe

171 △

173 ▽

174 △ 175 ▽

◁ 176 *Auf dem Bauerngut sitzen die jungen Leute beim Frühstück; eine Frau buttert*

177 *Vor der Residenz sind Kutschen vorgefahren; die Fürstin entsteigt einer Sänfte*

178 *Neben dem Teetisch sitzt rechts eine Dame am Stickrahmen*

179 *Die Hofküche liegt über dem Weinkeller* ▷

180 In der fürstlichen Wäschekammer erkennt man die Beschließerin an zwei großen, am Gürtel befestigten Schlüsseln

181 Einrichtung und Ausstattung der Residenz sind offensichtlich kostbarer und erlesener als die der Bürger- und Handwerkshäuser

182, 183 In der bürgerlichen Kinderstube waltet zwar auch eine Kinderfrau, doch sind in der Residenz selbst die Mägde teilweise in Seide gekleidet

184 Während unten im linken Ankleidezimmer die Dame am Toilettentisch bedient wird, im rechten der Hoffrisör tätig ist, bringt darüber im Kinderzimmer die Amme der Fürstin das Neugeborene ▷

185 △

186 ▽

185 Figuren aus der beliebten italienischen Komödie erscheinen auf den Platten zweier Beistelltische

186 Selbstverständlich fehlt in der Miniaturresidenz ein Spiegel- und Porzellankabinett nicht

187 Der allein tafelnden Fürstin wird Bericht erstattet ▷

188 Links ist ein Kartenspiel arrangiert, rechts stellt man sich zum Tanz auf

189 Der Kamin mit seiner hohen gekachelten Rauchfangverkleidung erinnert an holländische Puppenhäuser

190 Man unterhielt sich mit allerlei Spielen, z. B. Schach, Mühle, Dame, Tric-Trac

191 Besonderes Vergnügen bereitete das Theater, hier treten Zwerge als Musikanten auf

192 △

194 ▽

192, 193 Im 18. Jahrhundert waren in Nürnberg die Geschirrschränke teilweise betretbar
Nürnberg, Germanisches Nationalmuseum

194 Das schlichte bürgerliche Rokokozimmer gehörte der Nürnberger Patrizierfamilie der Freiherrn von Holzschuher
Nürnberg, Germanisches Nationalmuseum

195 Das bäuerlich anmutende Bett im Ulmer Puppenhaus (vgl. Abb. 197) gehört zu den Zufügungen jüngeren Datums
Ulm, Museum der Stadt Ulm

196 Das linke Kommödchen ist mit farbigem Papier dekoriert, das rechte bemalt; 18. Jahrhundert
Nürnberg, Germanisches Nationalmuseum

Puppenhaus des 17.–19. Jahrhunderts
Ulm, Museum der Stadt Ulm
Abbildung 197–205

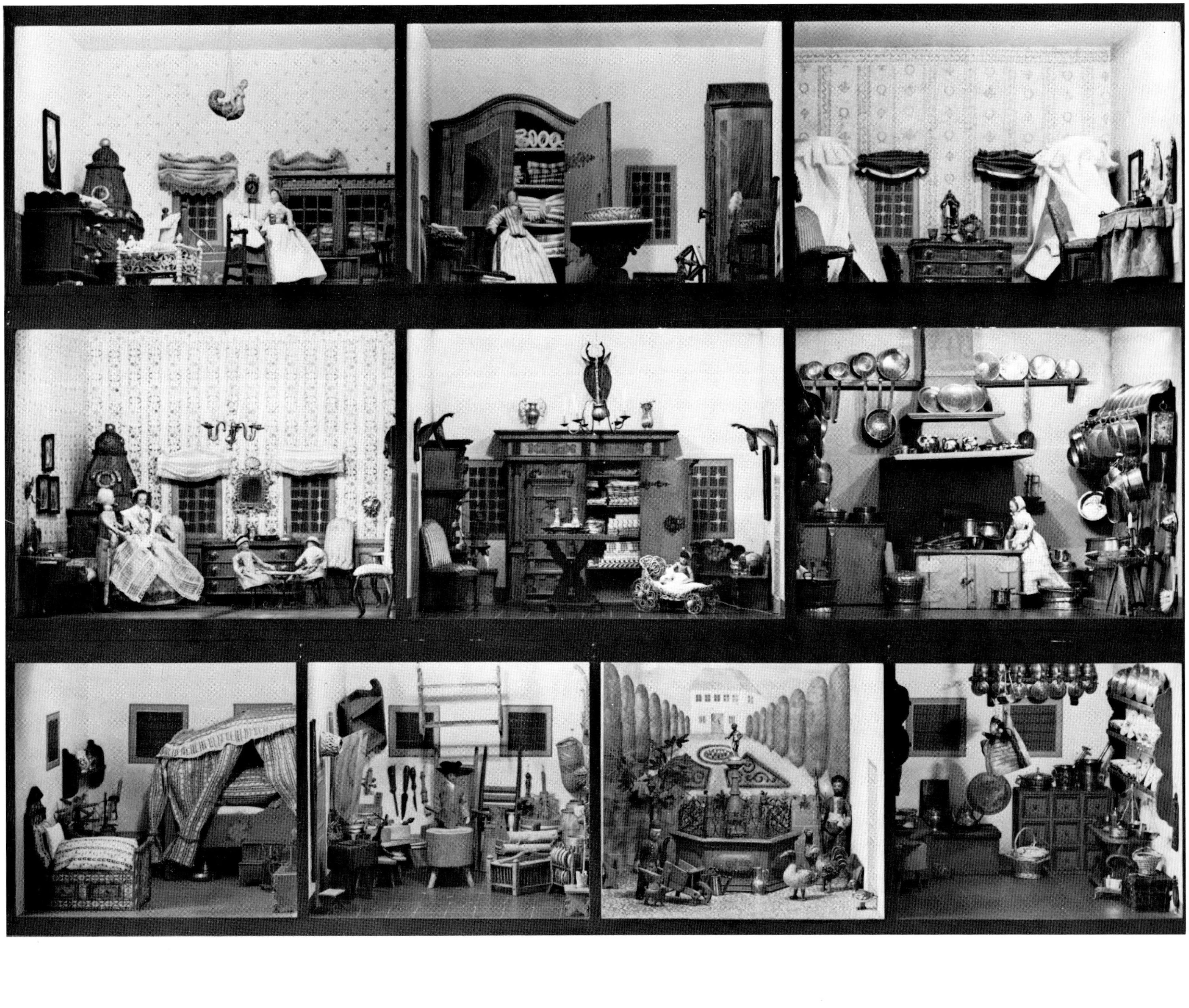

197 *Zehn auf die verschiedenste Weise eingerichtete Räume wurden in unserer Zeit zusammengebaut*

198 Die Werkstatt eines Böttchers (er hieß auch Büttner, Faßbinder oder Küfner)

199 Das Brunnenbecken im Garten ist 1748 datiert

198 △ 199 ▽

200 Der Ofen gehört zur barocken Ausstattung

201 Der schwäbische Wäscheschrank mit drei vorgestellten Säulen läßt sich noch in das 17. Jahrhundert datieren

202 △

203 ▽

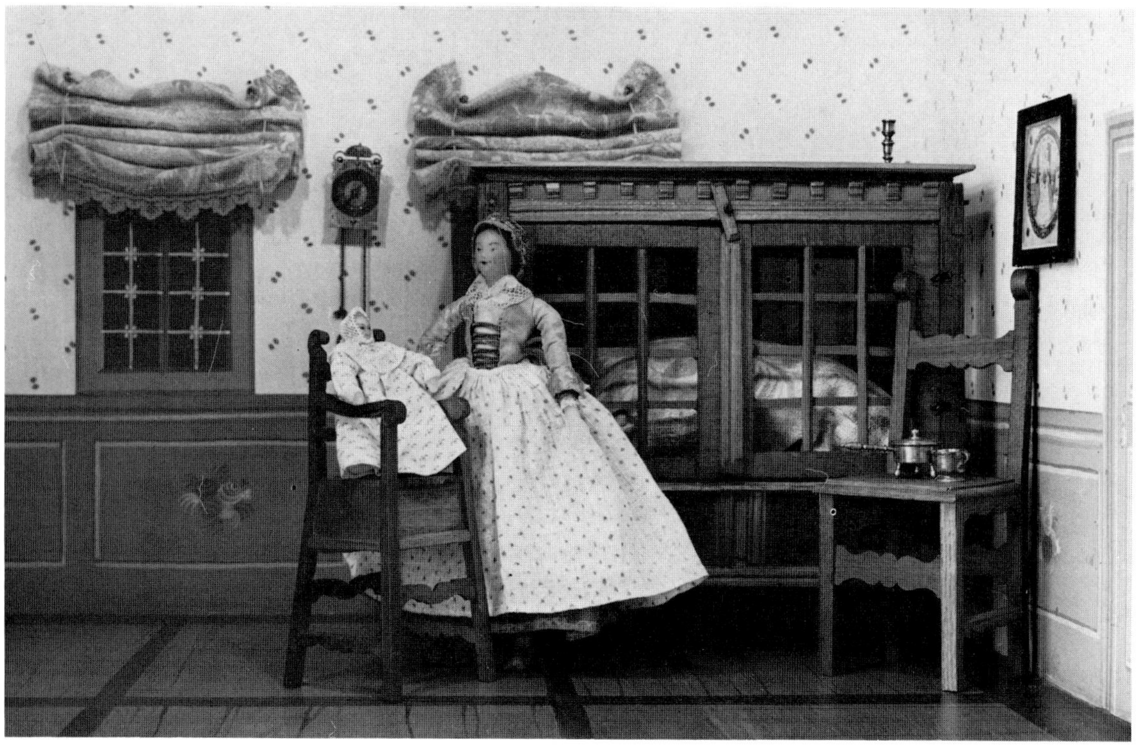

202, 203, 205 Die Puppen wurden neu eingekleidet und in einigen Räumen durch mehr bäuerlichen Hausrat ergänzt

204 Dagegen kann man das Leuchterweibchen zu den älteren Stücken der Einrichtung rechnen

204 ▽

205 ▷

Elsässische Wochenstuben aus dem späten 18. Jahrhundert
Straßburg, Musée Alsacien
Abbildung 206, 207

206, 207 Die elsässischen Miniaturstuben mit Tonfiguren – beim Taufschmaus neben dem Bett der Wöchnerin – halten altes Brauchtum fest, das sich ebenso in den Wochenstuben der holländischen und englischen Puppenhäuser spiegelt

Läden des 18. und des früheren 19. Jahrhunderts
Abbildung 208–226, 231

208 Der schlichte, mit Papierrosetten beklebte Holzkasten enthält einen der ältesten Läden (vgl. auch Abb. 214)
Nürnberg, Germanisches Nationalmuseum

209 Die Putzläden des frühen 19. Jahrhunderts boten alles nur erdenkliche modische Zubehör für die Dame wie für den Herrn
Nürnberg, Germanisches Nationalmuseum

208 △

209 ▽

210

210, 211 Die bunt bestickten Beutel am Kleiderständer tragen verschiedene Jahreszahlen aus dem ersten Jahrzehnt des 19. Jahrhunderts (vgl. Abb. 209)
Nürnberg, Germanisches Nationalmuseum

212, 213 Der außen mit Blumen bemalte Schweizer Laden des 18. Jahrhunderts bietet bereits einige fast ›echte‹ Waren
Zürich, Schweizerisches Landesmuseum

211 △

213 ▽

Zu Seite 192, 193:
214 Hier ersetzen noch bunt bemalte Holzstückchen die Waren (vgl. auch Abb. 208)
Nürnberg, Germanisches Nationalmuseum

215–217 Von zwei Putzläden in Nürnberg und München ist letzterer 1805 datiert
Nürnberg, Germanisches Nationalmuseum (Abb. 215)
München, Münchner Stadtmuseum (Abb. 216, 217)

214

215 △

216 ▽

217 ▽

◁ 218 Der Hutladen, um 1830–40, ist im Laufe der Zeit gefüllt worden, die Puppe zog sogar erst im frühen 20. Jahrhundert ein
Rüschlikon, Sammlung Annet Beyer

219 △

219 Im »Industrie-Magazin« finden sich Schuhe und Hüte friedlich vereint
Kommern, Rheinisches Freilichtmuseum

220 Das einfache spätbiedermeierliche Lädchen ist in einem mit Türen zu verschließenden Kasten untergebracht
München, Münchner Stadtmuseum

220 ▽

221 *Im Kolonialwarenladen gibt es zugleich Besenruten und die verschiedensten Seile und Schnüre*
Überlingen, Heimatmuseum (Sammlung Johanna Kunz)

222 *Seit der letzten Jahrhundertwende bediente man sich, nachdem das Gewicht auf der Standwaage ermittelt war, der Registrierkasse*
Überlingen, Heimatmuseum (Sammlung Johanna Kunz)

223 Ein imposanter Laden des mittleren 19. Jahrhunderts für Wachswaren (vgl. Abb. 231) München, Münchner Stadtmuseum

224 Aus Kempten blieb das Kaufhaus Zintl mit seiner kompletten Ausstattung um 1875–80 erhalten
München, Bayerisches Nationalmuseum

225 Der Laden für Stoffe, Seidenbänder, Strickwolle war wohl vor allem für die ländliche Bevölkerung bestimmt
Augsburg, Städtische Kunstsammlungen

226 Eine englische Spezialität sind die Fleischerläden. Ein solcher um 1880 in der Swanton Road des Londoner Stadtteils Bow ist hier wiedergegeben
London, Bethnal Green Museum

225 △

226 ▽

227 △ 229 ▽ 230 ▽

227 In einem Zimmer des Nürnberger Puppenhauses von 1611 (vgl. auch Abb. 9) wurde nach 1800 ein moderner weißer Ofen aufgestellt Nürnberg, Germanisches Nationalmuseum

228, 230 Zwei Stutzuhren der gleichen Zeit aus Nürnberger Puppenhäusern Nürnberg, Germanisches Nationalmuseum

229 Der Ofen von strenger klassizistischer Form gehört in das Augsburger Puppenhaus (vgl. Abb. 232, 233) Augsburg, Städtische Kunstsammlungen

231 Vielerlei Wachswaren der ehemaligen Münchner Wachszieherei Ebenböck füllen den großen Laden (vgl. Abb. 223)
München, Münchner Stadtmuseum

Puppenhäuser und -stuben Westeuropas um 1800–60 Abbildung 232–265

232 △

233 ▽

232, 233 Augsburger Puppenhaus, Anfang 19. Jahrhundert. Während im niedrigen Sockel Garten und Hof nebeneinander liegen, folgt erst im ersten Obergeschoß die geräumige Küche. Augsburg, Städtische Kunstsammlungen

234, 235 Zu der wohlbestückten Küche gehört eine Geschirrkammer Augsburg, Städtische Kunstsammlungen ▷

234 △ 235 ▽

237 In Deutschland beginnen im ersten Drittel des 19. Jahrhunderts Serienproduktionen für die Einrichtung von Puppenhäusern und -stuben Rüschlikon, Sammlung Annet Beyer

238 Ein vornehmes Basler Bürgerhaus aus der Mitte des 19. Jahrhunderts Zürich, Sammlung Weber

◁ 236 Weit bis in das 19. Jahrhundert hinein wird das Geschirr auf offenen Wandregalen hoch übereinander getürmt Augsburg, Städtische Kunstsammlungen

239 Ein Biedermeierzimmer mit Sitzecke auf der einen, Bett hinter einem Paravent auf der anderen Seite ist in einen hausartigen Kasten eingebaut
München, Münchner Stadtmuseum

240 Die ansehnlichen Nußbaummöbel des spätbiedermeierlichen Zimmers werden durch etwas späteren Nippes ergänzt
München, Münchner Stadtmuseum

241 Neben den anderen Möbeln ist das elsässische Schaukelbett so groß, daß es jedenfalls für ein älteres Puppenkind bestimmt gewesen sein muß
Straßburg, Musée Alsacien

242 *Das im Untergeschoß auf mehreren Seiten einzusehende französische Puppenhaus dürfte kaum für Kinder zum Spielen bestimmt gewesen sein*
Paris, Musée des Arts Décoratifs

243–245 Englisches Puppenhaus, Anfang 19. Jahrhundert. Die englische Neogotik ist an den Puppenhäusern nicht vorübergegangen. Die phantastische Fassade läßt kaum auf die Aufteilung der Räume in drei Geschossen schließen. Sechs kleinere Zimmer sind in den beiden Ecktürmen untergebracht
Oxford, Sammlung Vivien Greene

246 Der Kamin ist mit einer gußeisernen Platte abgedeckt
Oxford, Sammlung Vivien Greene

247 Tee- und Wasserkanne mit Réchaud sowie das zugehörige Milchkännchen auf einem Silbertablett dürfen im englischen Puppenhaus nicht fehlen
Oxford, Sammlung Vivien Greene

248 In der durch zwei Geschosse gehenden Halle, um 1860, führt eine steile, sich in der Mitte teilende Treppe in die oberen Räume
Oxford, Sammlung Vivien Greene ▷

249, 251 Um 1810 verbinden sich mit der englischen Neogotik noch gewisse zeitgenössische klassizistische Tendenzen
Oxford, Sammlung Vivien Greene

250 In dem Zimmer des zweiten Jahrhundertviertels stehen auch einige ältere Möbel
Oxford, Sammlung Vivien Greene

252 Das Wohnzimmer im ersten Stock links des Cane-End-Hauses (vgl. Abb. 162) hat eine Einrichtung um 1830–40
Oxford, Sammlung Vivien Greene

249 △ 250 ▽

251 △

252 ▽

253, 254 Um 1850 sind die Proportionen der in den Einzelformen immer noch klassizistischen englischen Fassaden auffallend gestreckt Oxford, Sammlung Vivien Greene

255 Immer mehr Puppenhäuser werden in der zweiten Hälfte des 19. Jahrhunderts wenigstens nach drei Seiten ausgerichtet
Oxford, Sammlung Vivien Greene

256 *Ein gläsernes Treibhaus wurde in den einspringenden Winkel der teilweise Fachwerk imitierenden Hauswände eingeschoben*
Oxford, Sammlung Vivien Greene

257 *Zur englischen Hausfassade gehört der Säulenportikus*
Oxford, Sammlung Vivien Greene

258 Die Freitreppe des Puppenhauses von Lady Lansdowne folgt 1860 Vorbildern aus der Mitte des 18. Jahrhunderts (vgl. Abb. 151, 159) London, London Museum

259 Ein dreistöckiges Londoner Stadthaus um 1840–50 aus South Kensington London, Bethnal Green Museum

260 △

261 △

262 ▽

260–262 Die Frau und die Töchter des Arztes John Egerton Killer in Manchester richteten um 1835–38 in einem Lackkabinett unten Wohnzimmer und Küche, oben ein zweites Wohn- sowie das Schlafzimmer ein
London, Bethnal Green Museum

263 Der Toilettentisch steht im Puppenhaus von Mrs. Bryant (Abb. 275–278), um 1860
London, Bethnal Green Museum ▷

264 Wohnzimmer im Haus von Mrs. Drew, um 1860–65
London, Bethnal Green Museum

265 In die bürgerliche Wohnstube der zweiten Hälfte des 19. Jahrhunderts gehört ein Bücherschrank
Oxford, Sammlung Vivien Greene

264 △

265 ▽

266 Das Gehäuse der Puppenküche der Familie Schmarje stammt noch aus der Mitte des 18. Jahrhunderts
Hamburg, Altonaer Museum

267 Die Errungenschaft des späten 19. Jahrhunderts ist der nicht mehr fest eingebaute Herd. Diesen bunt emaillierten stellte um 1900 die Firma Maerklin her.
Zürich, Sammlung Weber

268, 270 Zwei Küchen aus dem mittleren 19. Jahrhundert
Kommern, Rheinisches Freilichtmuseum (Abb. 268)
München, Münchner Stadtmuseum (Abb. 270)

269 Wie bei dem holländischen Puppenhaus um 1680 in Utrecht (Abb. 88) ist in dieser englischen Küche noch um 1850 der Herd kaminartig in die Wand eingebaut
Oxford, Sammlung Vivien Greene

268 △

269 △

270 ▽

271 Der Stufenherd – wie in der St. Galler Küche (Abb. 85) – ist aus glasiertem Ton und seitlich mit Modeln verziert
Kommern, Rheinisches Freilichtmuseum

272 In die Küchenecke ist eine Dunkelkammer eingebaut
Kommern, Rheinisches Freilichtmuseum

273, 274 Die kleinen aufgestellten Blechherde verschwinden fast vor dem noch immer in offenen Regalen angeordneten Geschirr und dem an der Wand hängenden Gerät
Überlingen, Heimatmuseum (Sammlung Johanna Kunz)

Puppenhäuser und -stuben des Historismus und Jugendstils
Abbildung 275-324

275–278 Als ein naturgetreues Kabinettstück ließ sich Mrs. Bryant in Oakenshow um 1860 ihr Puppenhaus errichten und ausstatten (vgl. auch Abb. 263)
London, Bethnal Green Museum

VICTORIA

279-281 Der Basler Maler Ludwig Adam Kelterborn ließ um 1845–50 für seine drei Töchter in einem Schrank mit Türen vorn und hinten sowie mit seitlichen Fensteröffnungen ein Puppenhaus bauen
Basel, Historisches Museum im Haus zum Kirschgarten

282 Eine dreistöckige Fassade des Historismus
Rüschlikon, Sammlung Annet Beyer

283 Die Fassade des Nürnberger Puppenhauses, um 1875–80, schmücken sogar Abziehbilder
München, Münchner Stadtmuseum ▷

284 Die Stube birgt neben winzigen Möbeln und viel Geschirr zahlreiche Musterstücke weiblicher Handarbeit, vor allem Stickereien und Spitzen
Kommern, Rheinisches Freilichtmuseum

285, 286 Nach und nach haben die Besitzer des Puppenhauses aus der Spätzeit des 19. Jahrhunderts mancherlei hinzugefügt
Burg Lahneck

287, 289 In den um 1890 im altdeutschen Stil eingerichteten Zimmern waren Möbel mit Laubsägedekor beliebt. Die Überbauschränke in München und Augsburg stammen aus der gleichen Serie, die zudem Stühle und Tische, Wanduhr und Spiegeltoilette, Bilderrahmen und sogar Tür- und Fenstereinfassungen einschloß
München, Münchner Stadtmuseum (Abb. 287)
Augsburg, Städtische Kunstsammlungen (Abb. 289)

288 Den altdeutschen Charakter unterstützen die Butzenscheibenfenster im stimmungsvollen Alkoven
Kommern, Rheinisches Freilichtmuseum

287 △

288 ▽

290 △

291 ▽ 292 △

290 Dem herrschenden Geschmack war auch die Einrichtung des Klassenzimmers unterworfen Stuttgart, Privatbesitz

291 So saßen tatsächlich 1880 die Mädchen des dritten Schuljahrs in ihrer Klasse in der Altonaer höheren Töchterschule Hamburg, Altonaer Museum

292 In einer altdeutschen Stube ist die Familie des Reformators Martin Luther um den Weihnachtsbaum versammelt London, Bethnal Green Museum

293 Selbst den kleinen Hausaltar schmücken aufgeleimte Laubsägearbeiten Kommern, Rheinisches Freilichtmuseum ▷

294, 295, 297, 298 Seit dem dritten Jahrhundertviertel schätzte man neben den schweren, hochgepolsterten und mit Samt bezogenen Eichenmöbeln in den Puppenhäusern auch solche, die in Goldmalerei die Boulle-Technik um 1700 imitierten
Kommern, Rheinisches Freilichtmuseum (Abb. 294)
Zürich, Sammlung Weber (Abb. 295)
Straßburg, Musée Alsacien (Abb. 297)
Überlingen, Heimatmuseum (Sammlung Johanna Kunz) (Abb. 298)

296 Puppenkonditorei um 1890
Hamburg, Altonaer Museum ▷

296 ▽ 297 △ 298 ▽

299 Das um 1900 errichtete Puppenhaus besitzt nun über einer gedeckten Veranda einen Balkon
Kommern, Rheinisches Freilichtmuseum

300 Durchsichtige, geraffte weiße Vorhänge, eine zierliche Decke auf dem Tisch in der Mitte, ein Teppich mit langen Fransen vor dem Kanapee kennzeichnen die gepflegte gute Stube der Jahrhundertwende
Überlingen, Heimatmuseum (Sammlung Johanna Kunz)

301, 302 Neben dem Blüthner-Flügel stehen Möbel des Neorokoko im älteren Nürnberger Haus (vgl. Abb. 283)
München, Münchner Stadtmuseum

300 △

301 ▽

302 ▽

303–305 Tischlampen, Familienphotos, Kindermöbel, Blumentisch oder Kaminzubehör vervollständigen auch im Puppenhaus die Einrichtung
Zürich, Sammlung Weber (Abb. 303, 305)
Stuttgart, Privatbesitz (Abb. 304)

303 △

304 ▽

306 Ausgestanzte, vergoldete Metallbordüren rahmen die Wandfelder; schwere, geraffte Fensterportieren ergänzen die Saloneinrichtung um 1890
München, Münchner Stadtmuseum

307, 308 Spiegelsalon im Haus der Abb. 282
Rüschlikon, Sammlung Annet Beyer

309 Eine Wohnstube im altdeutschen Stil um 1900
Überlingen, Heimatmuseum (Sammlung Johanna Kunz)

307 △

308 △

309 ▽

310, 311 Andernorts richtete man sich zur gleichen Zeit neoklassizistisch ein
Zürich, Sammlung Weber

312, 313 Neben Möbeln im Jugendstil entstanden um 1900 solche, die sich Formen der zweiten Hälfte des 18. Jahrhunderts zum Vorbild nahmen (vgl. Abb. 301, 302)
Überlingen, Heimatmuseum (Sammlung Johanna Kunz)

314 Jugendstilformen kennzeichnen das Klavier
Stuttgart, Privatbesitz

Zu Seite 248, 249:
315–317 Der Jugendstil bringt elegant bewegte, zierlichere Möbel
Überlingen, Heimatmuseum (Sammlung Johanna Kunz)

315 △

316 ▽

317

318 Schließlich standen seit den neunziger Jahren des 19. Jahrhunderts bemalte bäuerliche Möbel bei der Einrichtung der Puppenstuben Pate
Stuttgart, Privatbesitz

319–322 Nachdem im späteren 19. Jahrhundert die kindliche Puppe gegenüber der Puppendame den Siegeszug angetreten hatte, nahmen auch bei den Puppenstuben die Kinderzimmer mit weißen Möbeln zu
Überlingen, Heimatmuseum (Sammlung Johanna Kunz)

318 △

319 ▽

320 △

321 △

322 ▽

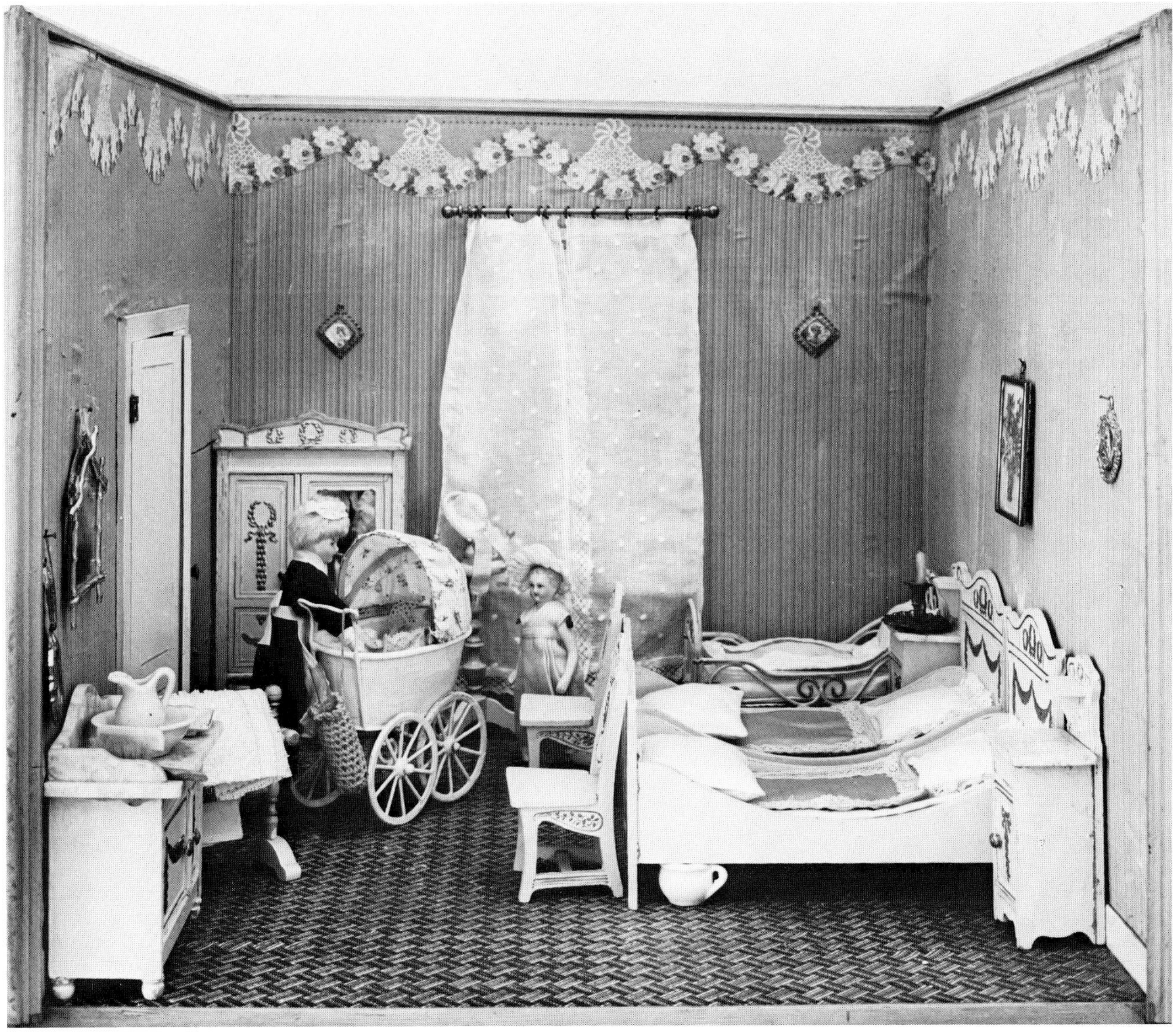

323, 324 Puppenküche und Modell für die »Erste Schulküche der Stadt München eingerichtet Anno Domini 1895« lassen vergessen, daß es sich um Spielzeug handelt
München, Münchner Stadtmuseum